BRASSERIE
FRANKREICHS GUTE KÜCHE

Impressum

Produktmanagement: Franziska Sorgenfrei
Übersetzung aus dem Schwedischen: Jenny-Anne von Rußdorf
Textredaktion: Kathrin Gritschneder
Satz: Susanne Kraus, mcp concept GmbH
Korrektur: Asta Machat
Umschlaggestaltung: Caroline Daphne Georgiadis, Daphne Design

Gesamtherstellung Verlagshaus GeraNova Bruckmann GmbH

★★★★★

Sind Sie mit diesem Titel zufrieden? Dann würden wir uns über Ihre Weiterempfehlung freuen. Erzählen Sie es im Freundeskreis, berichten Sie Ihrem Buchhändler oder bewerten Sie bei Onlinekauf. Und wenn Sie Kritik, Korrekturen, Aktualisierungen haben, freuen wir uns über Ihre Nachricht an Christian Verlag, Postfach 40 02 09, D-80702 München oder per E-Mail an lektorat@verlagshaus.de.

Unser komplettes Programm finden Sie unter www.christian-verlag.de

Alle Angaben dieses Werkes wurden vom Autor sorgfältig recherchiert und auf den neuesten Stand gebracht sowie vom Verlag geprüft. Für die Richtigkeit der Angaben kann jedoch keine Haftung übernommen werden.

Die Deutsche Nationalbibliothek verzeichnet diese Publikation in der Deutschen Nationalbibliografie; detaillierte bibliografische Daten sind im Internet über http://dnb.d-nb.de abrufbar.

Die Originalausgabe mit dem Titel *Brasserie – Le Rouge Cookbook* wurde erstmals 2013 bei Nygren & Nygren AB (www.nygrenochnygren.se) veröffentlicht. Die deutschsprachige Ausgabe erscheint in Absprache mit dem Originalverlag.

Rezepte: Marco Boudone
Food-Fotografie: Roland Persson
Portrait-Fotografie: Jimmy Hansen
Food-Styling: Linda Lundgren
Text: Jan Nilsson
Layout: Nygren & Nygren AB

ISBN 978-3-86244-662-9

BRASSERIE

FRANKREICHS GUTE KÜCHE

Marco Baudone

CHRISTIAN

INHALT

Rouge

LA VIE EN ROUGE

Mein Vater stammt aus Ligurien im Norden Italiens. Meine vielen Besuche dort haben mir eine unumstößliche Liebe zum Essen eingepflanzt. Ich selbst habe meine Wurzeln in Tollarp in Südschweden und komme nach meiner Oma mütterlicherseits. Wenn eine große Feier in der Gegend anstand, war sie diejenige, bei der man sich das Porzellan auslieh. Gastronomie und Feste liegen also in meinen Genen.

Meine Herkunft zeigt sich tagtäglich im *Le Rouge*, der Brasserie, die ich in der Stockholmer Altstadt betreibe. Der Weg hierhin hat mich in die weltbesten Küchen in Frankreich und Italien geführt, wo ich mit einigen der berühmtesten Starköche der letzten Jahrzehnte gearbeitet habe.

Trotz meiner vielen Jahre in Sterneküchen sind es aber die Brasserien, die mir ans Herz gewachsen sind. Sie haben etwas Inniges und Sympathisches, wo Essen, Menschen und Ambiente eine ganz eigene Mischung schaffen. Ich habe mich in diese Restaurants verliebt, bei denen die Gesellschaft am Tisch und an der Bartheke genauso wichtig ist, wie das, was auf dem Teller präsentiert oder im Glas serviert wird.

Die Pariser Brasserien haben sich mit ihrer mehr als 100 Jahre alten Tradition in der Welt verbreitet und Schule gemacht. Die klassische dunkelrote, etwas protzige Einrichtung mit Spiegeln und Messingdetails und das flinke, schwarz-weiß gekleidete Personal, das nicht selten auch eine scharfe Zunge hat, ziehen die Menschen auf der ganzen Welt an. Das gutbürgerliche, leicht deftige Brasserie-Essen ist heutzutage Allgemeingut.

Zusammen mit Melker Andersson und Danyel Couet lebe ich meinen Traum im *Le Rouge* aus. Die Gaststube beherbergte einen Getreide- und Kartoffelkeller. Erst zu Beginn der 1970er-Jahre zog hier das moderne schwedische Restaurant *Källaren Diana* ein, unter der Leitung der Legenden Nils Emil Ahlin, Tore Wretman und Åke Söderqvist. Das *Diana* veränderte die steife Tradition nobler Gaststätten im Land, indem es traditionelle schwedische Küche auf Tischen ohne Tischdecke servierte. Ein phänomenaler Erfolg!

Heute ist das *Le Rouge* eine Brasserie mit typischer Einrichtung. Mit opulenten Stoffen, der ein oder anderen Bommelborte und vor allem einer liebevollen und zeitlosen Küche haben wir im Kulturviertel eine französische Illusion geschaffen. Über dem *Le Rouge* schwebt ein burlesker, fast gewagter Hauch *à la Moulin Rouge*. Die Brasserie ist eine Bühne, jeden Abend gibt es eine Vorführung, bei der die Gäste alles andere als bloße Statisten sind.

Ein Restaurant muss natürlich live erlebt werden. Wir starten mit diesem Buch trotzdem den Versuch, die Welt, die das *Le Rouge* ausmacht, einzufangen und einen kleinen Einblick in sie zu geben.

Von Ligurien und Tollarp bis nach Stockholm – das ist eine spannende Reise. Dieses Buch ist eine geschmackliche Zusammenfassung meines gastronomischen Werdegangs bis heute. Brasserien werden bekanntlich mit den Jahren immer besser, im Lauf der Jahre bekommen sie Charakter und Patina. Die Reise ist noch lange nicht zu Ende.

Willkommen im *Le Rouge*!

Marco Baudone

F12 restaurant

Rouge

LA GRANDE CUISINE

Keiner möchte rückständig sein. Am wenigsten diejenigen, die mit Essen arbeiten, da das Kochen in allerhöchstem Grade den Zeitgeist widerspiegelt. Das Gastgewerbe hat sich zu so etwas wie einem Lackmustest entwickelt, der sofort zeigt, welche Veränderungen in Töpfen und Gläsern funktionieren. Neuheiten werden in einem Trendkarussel gekrönt, das sich immer schneller dreht. Der Koch soll ein geniales Original sein, das mit einem Finger in der Luft und einem im Topf ständig Neues erfindet und die Kunst des Kochens weiterentwickelt.

So war es nicht immer. Lange Zeit galt ein Koch eher als Verwalter. Eine Handvoll Männer legte fest, wie eine Armee in gestärkten weißen Kitteln und hohen Mützen zu kochen hatte. In dieser Epoche wurde »La Grande Cuisine« geschaffen, mit Klassikern wie Seezunge Walewska und Crêpes Suzette. Wie der Name bereits andeutet, war es großartige Küche – die Kunst zu Kochen, um es genau zu nehmen.

Die Wurzeln der »Grande Cuisine« liegen im Frankreich des 18. Jahrhunderts. Während der französischen Revolution wurde der Adel gestürzt. Horden von Köchen wurden arbeitslos, ihre Arbeitgeber hingerichtet. Um ihr Können trotzdem an den Mann zu bringen, nahmen sie Stellungen in den Häusern reicher Bürger an oder eröffneten ein Restaurant. Die Köche führten ihre eigene Revolution durch. Das Kochen für die Reichen war eine äußerst pompöse Vorführung gewesen, eher dafür gedacht, damit anzugeben als es zu genießen. Jetzt vereinfachte und reduzierte man sowohl das Servieren als auch das Kochen auf das Wesentliche, um neue Kunden anzuziehen, die weder Zeit noch Geld hatten, die Exzesse des Adels zu kopieren. Und das heranwachsende Bürgertum war mit von der Partie. Die klassische Küche unserer Tage war geboren.

Das folgende Jahrhundert war die Ära der großen Entdeckungen. Und genau das passierte auch in den Küchen des 19. Jahrhunderts, wo man Fortschrittsoptimismus und eine Leidenschaft für die Wissenschaft entwickelte. Marie Antoine Carême und Auguste Escoffier sind zwei der berühmten Männer, die während dieser Zeit auf Entdeckungsreise in Kochtopf, Schüssel und Glas gegangen sind. Die gewaltigen Werke, die sie über ihre Eroberungen verfasst haben, sind in viele Sprachen übersetzt worden und haben große Verbreitung gefunden. Sie haben in hohem Grad dazu beigetragen, dass wir heute ein Rinderfilet Wellington oder ein Baba au rhum sowohl in Stockholm und Berlin als auch in New York und Sydney genießen können.

In dieser langen klassischen Phase wurde der Großteil unserer Evergreens im Restaurantbereich geboren und nicht selten nach aktuellen

Das Le Rouge *hat mit seiner traditionsreichen Adresse ein Viertel für Genießer geschaffen. Ein Bild von 1905.*

Berühmtheiten benannt. In vielen Fällen sind die hierbei geehrten Personen durch die Speise nahezu unsterblich geworden. Die Karriere von Fräulein Melba auf der Opernbühne steht im Schatten des weltumspannenden und zeitlosen Erfolgs des gleichnamigen Pfirsichs. Eben jener oben erwähnte Escoffier kreierte diesen größten Stern am Desserthimmel gegen Ende des 19. Jahrhunderts, indem er in Wein gekochten Pfirsich mit Vanille-Eis und Himbeersauce kombinierte. Der bekannte Pfirsich wurde übrigens in London erfunden, wird aber wie alle Klassiker der gehobenen Küche mit einem Hauch Frankreich verbunden. Lange Zeit war Frankreich ein Synonym für Luxus und guten Geschmack. Aber ein Kassenschlager wie Rinderfilet Provençale hat mit Frankreich so viel zu tun wie das Restaurant *Cecil* in Stockholm, in dem es irgendwann in den 1950ern erschaffen wurde.

Mit der Zeit wurde die traditionelle Küche, bei der das Augenmerk vor allem auf dem Nachahmen lag, zu einer Art Zwangsjacke. In den 1970er-Jahren, zur gleichen Zeit als der Punk die Musikwelt auf den Kopf stellte, begannen Köche die hundertjährigen Restaurantregeln infrage zu stellen. Die Revolte begann in Frankreich. Den Startschuss bildete ein Manifest der Herren Gault und Millau, das neue Richtlinien vorgab wie kürzere Garzeiten oder, dass den Gästen das Essen auf dem Teller präsentiert werden sollte. Die heute verhöhnte Nouvelle Cuisine war geboren.

Die Zeiten ändern sich. Immer mehr Menschen stöbern heute wieder in der klassischen Küche, wo das Essen oft aus verschiedenen Aromen zusammengesetzt und sowohl geschmacklich wie auch ästhetisch komplex ist. Außerdem geht dieses Essen oft eine interessante Liaison mit Wein ein.

Natürlich muss diese Art zu kochen mit all den modernen Errungenschaften gepaart sein, die auf diesem Gebiet seit seiner Blütezeit gemacht wurden. Mit neuen Techniken, wie der Niedrigtemperaturmethode, fortschrittlichen und modernen Gerätschaften und handverlesenen, lokal produzierten Zutaten wird den Klassikern neues Leben eingehaucht.

Viele der Gerichte auf der Speisekarte des *Le Rouge* haben ihren Ursprung im Klassizismus, aber sie tauchen gerne in unerwarteter Begleitung auf. Der *Le-Rouge*-Burger ist dafür ein Beispiel. Wenn etwas à la Rossini serviert wird, bedeutet das, dass es Gänseleber und Trüffel enthält. Bei uns verbinden sich die luxuriösen Zutaten mit einem gut zubereiteten, ordentlichen Hack-Patty zwischen leckeren, frisch gebackenen Brothälften.

Damals und heute – zusammen wird dies zu einer neuen, klassischen Küche. Eine Reihe liebevoll gepflegter Favoriten, auf die man gerne zurückkommt – immer wieder.

– LE CHEF & CO –

Hinter jedem fantastischen Restauranterlebnis steht ehrgeizige Teamarbeit, aber es gibt immer einen, der den Taktstock schwingt. Im Le Rouge *ist das der Souchef Filip Fastén, der dem Chef Marco Baudone zur Seite steht. Auf dem Bild links ist letzterer mit Kochmütze und Kravatte zu sehen, flankiert von Fastén mit Schürze und Beil. Marco Baudone bildet zusammen mit Melker Andersson (ganz oben) und Danyel Couet (oben) die Besitzertroika des* Le Rouge. *Hier ist der Vater von Danyel Couet zu Besuch.*

LA BRASSERIE

Brasserien gibt es heute überall – eine Erfolgsgeschichte in der Gastronomiewelt. Aber fangen wir von vorne an – dann landen wir natürlich in Frankreich, genau genommen im Elsass. »Brasserie« ist das französische Wort für Brauerei. Solche gab es im Elsass vor gut 200 Jahren in Hülle und Fülle. Um ihren Absatz zu steigern, begannen die Brauereien, Restaurants zu betreiben. In der zweiten Hälfte des 19. Jahrhunderts verbreitete sich dieser Restauranttyp bis nach Paris. Nicht zuletzt wurde diese Entwicklung durch die Besetzung des Elsass durch Deutschland beschleunigt, die für riesige Flüchtlingsströme sorgte. In die Brasserie zu gehen wurde dadurch zu einem patriotischen Akt – die Pariser zeigten ihre Unterstützung für den verloren gegangenen Landstrich, indem sie gut aßen und tranken.

Viele bekannte Brasserien öffneten ihre Türen erstmals während der *Belle Epoque*, der fiebrigen Hochkonjunktur um die Jahrhundertwende: *Lipp*, *Flo*, *La Coupole* sind einige davon, die auch heute noch die Massen anziehen. Je mehr Gäste und Geld hereinkamen, desto imposanter wurden die Deckenhöhe, desto zahlreicher die Spiegel und desto verschwenderischer die Messingdekoration.

Nachdem die Brasserien immer beliebter wurden, überlegten die französischen Weinproduzenten, dass diese Umgebung sich auch ausgezeichnet eignen würde, um Wein anzubieten. Nach und nach musste das *Bière à la Pression* dem Wein und nicht zuletzt dem Champagner weichen. Damit begannen auch die Meeresfrüchte ihren Einzug in die Brasserien. Heute ist die Kühltheke mit allerhand verschiedenen Mollusken und anderen Leckereien aus dem Meer zum Bersten gefüllt, das typische Kennzeichen für eine Brasserie.

Innerhalb von gut 100 Jahren hat sich die Speisekarte der Brasserie entwickelt. Heute gehören diese Gerichte zu unseren beliebtesten Klassikern. Die genannten Meeresfrüchte sind ein Muss. Typisch sind auch die Spezialitäten aus dem Elsass: Enten- und Gänseleber, gerne auch in Form einer Terrine. Essen aus der nordöstlichen Ecke Frankreichs, wie Blutwurst, musste eine Zeit lang zurückstehen hinter gegrilltem Fleisch mit auserwählten Beilagen, Bouillabaisse, Froschschenkeln, Moules Marinières, einem einfachen Œuf Mayonnaise – und Hamburgern! –, aber jetzt ist es wieder auf dem Weg zurück auf die charakteristische Speisekarte. Allen Speisen in einer Brasserie ist gemein, dass sie unkompliziert sind, ohne deswegen gewöhnlich zu sein – ein geradliniges Essen, das eher Herz und Bauch anspricht als das Gehirn.

Die Erfolgsformel der Brasserien ist ebenso einfach wie genial. Es geht um die liebenswerte Mischung aus Essen, Menschen und Umgebung. Ein Abend in der Brasserie soll ein uneingeschränkt schönes Erlebnis sein, er soll lustig sein, und man soll es schön haben. Am liebsten soll er auch zum Gespräch werden und dazu einladen, zu sehen und gesehen zu werden.

Na dann, worauf warten Sie? Lassen Sie sich auf das rote Sofa fallen. Was möchten Sie trinken? Ober, könnte ich bitte ein Glas Champagner bekommen?

Brasserie Le Rouge

CAMPA
DAVIDE CAMPARI - MILANO
OF ALTONA-GERMANY, 1869
AMER

LES COCKTAILS
COCKTAILS

Ein Wachmacher am Morgen, eine Stärkung zum Mittag, ein kräftiger Aperitif vor dem Abendessen. Es gibt keine Gelegenheit, die sich nicht für einen Cocktail eignet. Das wissen die Barkeeper vom *Le Rouge*, die einen steten Strom geschüttelter und gerührter Drinks liefern. Mit etwas Gin, Wodka, Whisky und einigen anderen charakteristischen Noten öffnet sich eine Welt des Geschmacks, die sich unendlich variieren lässt.

LE BAR

Eine richtige Brasserie ist mit einer gewaltigen Bartheke aus Zink ausgestattet. Dafür gibt es einen triftigen Grund: Zink altert auf eine anmutige Art, und sein matter Glanz wird von all den Gläsern, die auf seiner Fläche stehen, wunderschön patiniert. Das Kondenswasser von einem Glas Champagner oder das überschäumende Bier, jeder Tropfen, der auf der Theke landet, alle hinterlassen ihre Abdrücke und bilden zusammen die Geschichte der servierten Getränke.

Hinter der Theke einer richtigen Brasseriebar sollte natürlich auch ein kundiger Barkeeper stehen. Das ist ohne Zweifel einer der komplexesten Berufe der Restaurantszene. Ein Barkeeper muss viele Rollen verkörpern, neue Kompositionen kreieren, die Getränkekultur und -tradition kennen und den Klassikern seine persönliche Note verleihen können.

Ein Barkeeper darf ein bisschen was von einem Buchhalter haben, damit er durch genaues Messen, Mischen, Rühren und Schütteln den perfekten Drink hervorbringt. Von Vorteil ist auch, wenn er eine Art Seelsorger ist, mit einer starken Schulter zum Anlehnen. Aber vor allem muss er jedem das richtige Getränk zum richtigen Zeitpunkt empfehlen können.

In der goldenen Zeit des Cocktailmixens wurden einige ewig moderne Drinks geschaffen. Manche davon sind in traurige Vergessenheit geraten, aber mehr und mehr suchen sie sich ihren Weg zurück auf die Getränkekarten. Es geht aber nicht nur um Nostalgie, sondern darum, den Klassikern einen modernen Twist zu verleihen.

Es ist höchste Zeit, sich an die Bar zu begeben. Bestellen Sie Ihren Favoriten und hinterlassen auch Sie Ihren Abdruck auf der Theke!

le bar
ouge

Last Word

UTENSILIEN: *Shaker, Sieb, Coupette-/Cocktail-Glas, Messbecher*

2 cl Tanqueray-Gin
2 cl Chartreuse Grün
2 cl Maraschino-Likör
2 cl Limettensaft

Alle Zutaten in einen Shaker geben und auf viel Eis schütteln. Anschließend den Drink durch ein Sieb in ein gekühltes Glas gießen.

Old Fashioned

UTENSILIEN: *Mixglas, Barlöffel, Old-Fashioned-Glas, Messbecher*

1 Barlöffel Zuckersirup
6 cl Bulleit Bourbon
2 Spritzer Angostura Bitter
unbehandelte Orangenschale

Die Zutaten in das Mixglas geben und mit Eis verrühren. Ein Glas mit Eis füllen und den Drink durch ein Sieb darübergießen. Die Orangenschale erst über dem Glas ausdrücken, dann hineinlegen.

Gin Silver Fizz

UTENSILIEN: *Shaker, High-Ball-Glas, Messbecher*

2 ½ cl Zuckersirup
5 cl Tanqueray-Gin No. 10
2 ½ cl Zitronensaft
1 Eiweiß
Soda
Minzspitzen
unbehandelte Zitronenschale

Alle Zutaten bis auf Soda, Minze und Zitronenschale in einen Shaker geben und verquirlen. Dann 20 Sekunden mit Eis schütteln, durch ein Sieb in ein gekühltes Glas gießen und mit Soda auffüllen. Mit Minzspitzen und der Zitronenschale garnieren.

SHOWBIZ

Wie ein Getränk von Grund auf zusammengebaut wird, ist eine fesselnde Vorführung. Es braucht dafür kein Jonglieren – ein geübter Barkeeper weiß, dass die schöne und sichere Arbeit mit Flaschen, Gläsern, Brennern und Shakern an sich eine gute Darbietung liefert. Ungezwungen, cool und faszinierend.

Negroni

UTENSILIEN: *Mixglas, Barlöffel, Sieb, Old-Fashioned-Glas, Messbecher*

2 cl Tanqueray-Gin
2 cl Campari oder Aperol
2 cl roter Vermouth
unbehandelte Orangenschale

Die Zutaten in ein Mixglas geben und mit Eis verrühren. Ein Glas mit Eis füllen und den Drink durch ein Sieb hineingießen. Die Orangenschale erst darüber ausdrücken, dann hineinlegen.

Wenn Sie statt Campari Aperol hinzufügen, heißt der Cocktail Raultini.

MANHATTAN

UTENSILIEN: *Mixglas, Barlöffel, Sieb, Coupette-/Cocktail-Glas, Messbecher*

4 cl Bulleit Bourbon
2 cl roter Vermouth
2 Spritzer Angostura Bitter
1 Cocktail-Kirsche

Alle Zutaten bis auf die Kirsche in ein Mixglas geben und mit Eis verrühren. Durch ein Sieb in ein gekühltes Glas gießen und mit einer Kirsche garnieren.

MINT JULEP

UTENSILIEN: *Barlöffel, Julep-Becher oder Old-Fashioned-Glas, Messbecher*

8 Minzblätter und 2 Minzspitzen
1 Barlöffel Zuckersirup
4 cl De Luze Cognac
2 cl Zacapa Rum 23 años
Vanillezucker

Die Minzblätter in das Glas legen, Zuckersirup und Cognac hinzufügen und alles vorsichtig zerstoßen. Crushed Ice hinzufügen und umrühren, bis das Glas eiskalt ist. Noch mehr Crushed Ice dazugeben und den Rum hineingießen. Mit Minzspitzen garnieren und mit Vanillezucker bestreuen. Mit Strohhalm servieren.

24
WILD TURKEY
WILD TURKEY

HORS-D'ŒUVRE

VORSPEISEN UND HÄPPCHEN

Knackig-frischer Spargel, serviert mit sanft geschlagener Mayonnaise oder Sauce Hollandaise, eine kräftige, elegante Entenleberterrine, herrlich nach Knoblauch schmeckende Schnecken. Oder eine rustikale Zwiebelsuppe mit feiner Würze und Süße. Der Start eines Abendessens kann subtil sein oder ein Statement, aber er sollte immer Lust auf mehr machen – und ein Fingerzeig dafür sein, was noch kommen mag.

Soupe à l'oignon Maison Rouge

Zwiebelsuppe Maison Rouge

FÜR 4–6 PERSONEN

3 EL Olivenöl
1 kg Silberzwiebeln, in Streifen geschnitten
2 EL Farinzucker
100 g Speck, dünn geschnitten
5 Zweige Thymian
200 ml Cidre
100 ml Weißwein
etwa 1,7 l Hühnerbrühe
Salz
4–6 Scheiben helles Sauerteig- oder Kastenweißbrot
200 g Comté- oder Gruyère-Käse, gerieben
schwarzer Pfeffer

- Das Öl in einem Topf erhitzen und die Zwiebeln darin kurz anschwitzen.
- Zucker, Speck und Thymian hinzufügen und alles mit Cidre, Wein und Brühe aufgießen. Die Suppe etwa 40 Minuten kochen, bis die Zwiebeln zart und glasig sind. Mit Salz abschmecken.
- Den Ofen auf Grillfunktion vorheizen. Die Suppe in ofenfeste Schalen verteilen.
- Die Brotscheiben toasten. Je eine Scheibe Brot auf die Suppenschüsseln legen. Mit dem geriebenen Käse bestreuen.
- Die Suppenschalen 1 Minute unter dem Grill überbacken. Aus dem Ofen nehmen und zum Servieren mit etwas Pfeffer bestreuen.

Als ich in Paris arbeitete, lernte ich, dass man vor dem Kochen immer mehrere Stangen Spargel zusammenbindet. So vermeidet man, dass die Spitzen später beim Herausfischen des Spargels aus dem Wasser abbrechen. Wenn das passierte, musste man sich nämlich das laute Fluchen des Küchenchefs anhören...

Asperges blanches, mayonnaise à la moutarde

Weißer Spargel mit Senfmayonnaise

FÜR 4 PERSONEN

300 ml Weißwein
Saft von 3 Zitronen
3 EL Salz
3 EL Zucker
2 Bund weißer Spargel, geschält (Schale aufheben)
Küchengarn

- 5 l Wasser mit Wein, Zitronensaft, Salz, Zucker und Spargelschalen in einem Topf aufkochen.
- Den Spargel portionsweise zusammenbinden, in den Sud geben und darin etwa 5 Minuten kochen. Die Dauer hängt von der Dicke des Spargels ab.
- Den warmen Spargel mit Mayonnaise servieren (Rezept siehe unten).

Senfmayonnaise

2 Eigelb
1 EL Dijon-Senf
2 TL Weißweinessig
Saft von ½ Zitrone
250 ml Öl
Salz

- Alle Zutaten bis auf Öl und Salz in einer Schüssel gut verrühren. Das Öl in einem dünnen Strahl unter kräftigem Rühren hinzufügen und so lange rühren, bis die Mayonnaise dick und glatt ist. Zuletzt mit Salz abschmecken.

Asperges vertes, sauce hollandaise

Grüner Spargel mit Sauce Hollandaise

FÜR 4 PERSONEN

2 Bund grüner Spargel, geschält,
Salz, Küchengarn

- Den Spargel portionsweise zusammenbinden. In einem Topf mit Salzwasser etwa 2 Minuten kochen.
- Den warmen Spargel mit warmer Sauce Hollandaise servieren (Rezept siehe unten).

Sauce Hollandaise

100 ml Weißwein, 50 ml Weißweinessig,
2 Schalotten, fein gehackt, 2 Zweige Estragon,
Blätter abgezupft, 3 Eigelb,
500 g Butter, zerlassen, 2 Spritzer Tabasco
Saft von 1 Zitrone, 1 TL Salz

- Wein, Essig, Schalotten und Estragon in einem Topf aufkochen und etwa auf die Hälfte einkochen lassen.
- 3 EL Essigreduktion in einer Metallschüssel über dem Wasserbad erhitzen. Unter kräftigem Rühren das Eigelb hinzufügen. So lange über dem Wasserbad rühren, bis die Hollandaise dick und glatt ist. Zerlassene Butter, Tabasco, Zitronensaft und Salz dazugeben und über dem Wasserbad unterrühren. Die Sauce darf dabei nicht kochen, sonst gerinnt sie.

Hier servieren wir Hollandaise zu Spargel, aber sie passt auch sehr gut zu Fisch.

PLATEAU DE CHARCUTERIES

SCHLACHTPLATTE

Im Le Rouge *servieren wir oft Fleisch- und Wurstwaren, Pasteten, Rilette und Tapenade mit Sauerteigbrot oder Pickles als Häppchen oder zum Beginn des Abendessens.*

SAUCISSON – ROHE SCHWEINEBRÜHWÜRSTE
JAMBON PARISIENNE – GEKOCHTER SCHINKEN
ROSETTE – LUFTGETROCKNETE SALAMI
COCKTAILWÜRSTCHEN

TAPENADE

Oliventapenade

FÜR 10–12 PERSONEN

300 g schwarze entsteinte Oliven, 2 Knoblauchzehen, geschält, 3 EL Kapern, 300 ml gutes Olivenöl, 2 EL Sherryessig, 1 TL Piment d'Espelette, Cayennepfeffer oder scharfes Paprikapulver, Saft von 1 Zitrone, Salz, schwarzer Pfeffer

Oliven, Knoblauch, Kapern, Öl, Essig und Gewürze im Blitzhacker möglichst nicht zu fein zerkleinern. Mit Zitronensaft, Salz und Pfeffer abschmecken.

Rouge
Marc Baudone

Terrine d'avocats

Avocadoterrine mit Krabben und Avruga-Kaviar

FÜR 8 PERSONEN

5 Blatt Gelatine, Saft von 1 Zitrone,
10 reife Avocados, grob zerteilt, 2 TL Salz,
120 g Krabbenfleisch, 4 TL Avruga-Kaviar,
Kräuterspitzen, unbehandelte Zitronenspalten

- Gelatine 5 Minuten in kaltem Wasser einweichen. Dann ausdrücken und in wenig Zitronensaft auflösen.

- Die Avocadostücke mit Zitronensaft, Salz und aufgelöster Gelatine in einer Schüssel mischen. Dabei schnell arbeiten, damit die Gelatine nicht klumpt.

- Eine Terrinenform mit Frischhaltefolie auskleiden, dann lässt sie sich später leichter stürzen. Die Avocadostücke in die Form schichten und leicht andrücken, damit keine Löcher oder Luftblasen bleiben. Die Terrine soll kompakt und dicht sein. Mehrere Stunden im Kühlschrank fest werden lassen.

- Die Terrine mithilfe der Folie stürzen und mit den Krabben und dem Avruga-Kaviar sowie Kräutern und Zitronenspalten servieren.

Ohne Krabben und Avruga-Kaviar ist diese Terrine ein leckeres Gericht für zwischendurch, das auch als Häppchen zum Aperitif passt.

SALADE DE HOMARD

HUMMERSALAT

FÜR 4 PERSONEN

FÜR DEN EINGELEGTEN RETTICH:	*FÜR DIE CITRONETTE:*	*AUSSERDEM:*
150 ml Essigessenz	50 ml Olivenöl	2 Hummer, gekocht und geschält
270 g Zucker	Saft von 1 Zitrone	40 g Queller (Meeresspargel)
½ Rettich, gehobelt	1 EL Weißweinessig	40 g Avruga-Kaviar
	Salz	frische Kräuter wie Brunnenkresse oder Schnittlauch
	schwarzer Pfeffer	

- Für den Rettich 500 ml Wasser mit Essigessenz und Zucker in einem Topf zu einer Lake kochen. Den Rettich einlegen und abkühlen lassen.
- Für die Citronette Öl, Zitronensaft und Essig in einer Schüssel mischen und mit Salz und Pfeffer abschmecken.
- Das Hummerfleisch in mundgerechte Stücke schneiden. Den Hummer auf Tellern anrichten und mit der Citronette beträufeln. Mit Queller, Avruga-Kaviar, eingelegtem Rettich und Kräutern garnieren.

OMBLE CONFIT

SAIBLINGS-CONFIT

FÜR 4–6 PERSONEN ALS HÄPPCHEN ODER VORSPEISE

Heute habe ich mich dafür entschieden, das Saiblings-Confit einmal als rustikale Häppchen mit einer würzig-frischen Meerrettichcreme auf knusprig getoastetem Roggenbrot zu servieren. Auf diese Weise passt es ausgezeichnet zu einem Cocktail oder einem Glas Champagner.

2 Saiblingsfilets

FÜR DIE SALZLAKE:
200 g Salz
90 g Zucker
2 kg Eis

- In einem Topf 1 l Wasser mit Salz und Zucker aufkochen. Das Eis hinzufügen, schmelzen lassen – oder 1 ½ l kaltes Wasser hinzufügen und die Lake im Kühlschrank oder in der Gefriertruhe abkühlen lassen. Die Saiblingsfilets in die Lake legen und darin 2 ½ Stunden marinieren.

- Den Ofen auf 60 °C vorheizen. Die Fischfilets aus der Lake nehmen und abtrocknen. Die Filets so aufeinanderlegen, dass die breite Seite des einen Filets auf der schmalen Seite des anderen liegt. Fest in Frischhaltefolie wickeln.

- Den Fisch im Ofen backen, bis er eine Kerntemperatur von 38 °C erreicht hat. Unter leichtem Druck abkühlen lassen, zum Beispiel zwischen zwei Tellern, die mit einem dicken Kochbuch beschwert sind.

- Zum Servieren den Saibling mit einem scharfen Messer in dünne Scheiben schneiden.

– DINÉ SURPRIS –

Einige entschlossene Griffe – und voilà! *Noch eine Auster ist geöffnet und kann mit den anderen auf Eis gelegt werden. Das* Le Rouge *lädt oft zu speziellen Themenabenden ein: Dabei kann ein bekannter Koch ein Gastspiel geben, ein Weinproduzent zeigen, was er drauf hat, oder der Spargel mit dem ihm gebührenden Saisoneröffnungs-Essen geehrt werden. Oder wie hier, wo eine Altstadtgasse dank eines loyalen Zulieferers in eine veritable Austernbank verwandelt wird.*

Gibt es einen besseren Start in den Abend als Meeresfrüchte, frisch aus dem Meer, und ein Glas Blubberwasser? Und der passende Abschluss eines langen Gelages sind ausgesuchte Spirituosen: In der dunkelroten Bar ist ein Grappa oder Whisky genau das Richtige.

BŒUF HACHÉ

Beefsteakhack

FÜR 4 PERSONEN

Für dieses Beefsteakhack benötigen Sie einen Fleischwolf. Das Fleisch erst kurz vor dem Servieren durchdrehen. Die Wahl des Fleisches hängt vom Preis ab, man muss ja nicht das beste Entrecôte oder Rinderfilet verwenden. Aber ein gutes Steak oder wie hier Hochrippe mit intensivem Geschmack sorgen für ein sehr gutes Ergebnis.

400 g Hochrippe vom Rind	Olivenöl
Salz	Weißweinessig
schwarzer Pfeffer	4 sehr frische Eigelb
2 Gelbe Bete, gewürfelt und gekocht	Zitronensaft nach Belieben
8 Cornichons, gewürfelt	100 ml körniger Senf
4 EL Kapern	Kressesprossen
2 Gemüsezwiebeln, fein gehackt	4 Scheiben Sauerteigbrot, geröstet

- Das Fleisch kurz vor dem Servieren durch den Fleischwolf drehen. In einer gekühlten Glasschüssel servieren und mit Salz und Pfeffer bestreuen.

- Gelbe Bete, Cornichons, Kapern und Zwiebeln auf den Tellern verteilen oder in eigene Schüsseln füllen. Alles mit Öl, Essig und nach Belieben Zitronensaft beträufeln und die Eigelbe daraufgeben. Mit Senf, Kressesprossen und Sauerteigbrot servieren.

TERRINE DE FOIE DE CANARD

ENTENLEBERTERRINE NACH ART DES HAUSES

FÜR 4 PERSONEN

Die Mengen sind pro Entenleber berechnet, deren Gewicht meist nur wenig variiert. Für 8 Personen beziehungsweise ein gutes Ergebnis am besten mindestens zwei Entenlebern zubereiten. Die Leber verliert beim Backen viel Fett. Diese Terrine findet bei uns reißenden Absatz. Jede zweite Woche bekommen wir frische Leber von Les Halles in Paris geliefert. Nur die Beilagen ändern sich dabei: Je nach Saison passen beispielsweise marinierte Feigen, grüne Äpfel oder Sauternes-Gelee.

1 Entenleber, möglichst frisch
137 g Nitritpökelsalz
1 g Zucker

- Die Leber säubern. In einem Topf 2 l Wasser und 130 g Nitritpökelsalz kurz aufkochen, dann vom Herd nehmen. Die Entenleber in die Lake legen und darin 3 Stunden ziehen lassen.

- Die Leber herausnehmen, abtrocknen, mit dem übrigen Nitritpökelsalz und Zucker einreiben, bis sie trocken ist. In Frischhaltefolie wickeln und im Kühlschrank nochmals 12 Stunden ziehen lassen.

- Den Ofen auf 75 °C vorheizen. Die gepökelte Entenleber auf ein Blech legen und im Ofen backen, bis sie eine Kerntemperatur von 48 °C erreicht hat.

- Dann die Leber in eine Terrinenform legen und 24 Stunden pressen, damit sie gleichmäßig und kompakt wird. Zum Servieren in Scheiben schneiden.

FROMAGE DE CHÈVRE EN CROUTE

Ziegenkäsetarte

FÜR 1 GROSSE ODER 10 KLEINE TARTES

FÜR DEN TEIG:
750 g Mehl
20 g Zucker
2 TL Salz
450 g weiche Butter
180 ml Milch
4 Eier

FÜR DEN BELAG:
350 g Ziegenkäse, gewürfelt
2 EL Parmesan, gerieben
500 ml Sahne
5 Eier
1 Knoblauchzehe, gerieben
2 Zweige Rosmarin, Nadeln abgezupft
80 g schwarze Oliven
2 rote Paprikaschoten, geröstet und gewürfelt
Salz
schwarzer Pfeffer

- Für den Teig Mehl, Zucker, Salz und Butter in der Küchenmaschine mischen. Milch und Eier hineinrühren und alles etwa 10 Minuten kneten. Den Teig in Frischhaltefolie wickeln und 1 Stunde kühl stellen.

- Den Ofen auf 180 °C vorheizen. Den Teig dünn ausrollen und eine große oder zehn kleine Tarteformen damit auskleiden (Reste einfrieren), den Teig an den Seiten andrücken. Den Boden mit einer Gabel mehrmals einstechen und im Ofen etwa 5 Minuten vorbacken. Aus dem Ofen nehmen und abkühlen lassen.

- Die Ofentemperatur auf 160 °C reduzieren. Die Zutaten für den Belag mischen und auf dem Teig verteilen. Die Tarte etwa 30 Minuten backen. Bei kleinen Tartes reduziert sich die Backzeit um etwa 10 Minuten.

SOUPE D'OURSINS

Seeigelsuppe

FÜR 6 PERSONEN

2 Schalotten, fein gehackt
1 Knoblauchzehe, gehackt
1 EL Olivenöl
200 ml Weißwein
400 ml Fischfond
300 ml Sahne
100 g Seeigel, ausgelöst
5 Austern, ausgelöst
Saft von 2 Zitronen
100 g Butter
Salz
2 Spritzer Tabasco

- Schalotten und Knoblauch in einem Topf in nicht zu heißem Öl anschwitzen. Mit Wein ablöschen und alles etwa 10 Minuten köcheln, bis die Flüssigkeit auf die Hälfte reduziert ist.

- Fond hinzufügen und alles einige Minuten kochen. Die Sahne dazugeben und weitere 15 Minuten köcheln.

- Seeigel- und Austernfleisch waschen, abtrocknen und in die Suppe geben. Zitronensaft und Butter unterrühren und alles mit Salz und Tabasco abschmecken. Die Suppe zum Servieren pürieren, durch ein Sieb gießen und aufwärmen. Nach Belieben in den Seeigelschalen servieren.

Escargots au beurre de fines herbes et d'ail

Schnecken mit Knoblauch-Kräuter-Butter

FÜR 4 PERSONEN

250 g weiche Butter
4 Knoblauchzehen, gerieben
½ Bund glatte Petersilie, fein gehackt
1 TL Meersalz
1 TL schwarzer Pfeffer
Saft und abgeriebene Schale von 1 unbehandelten Zitrone
2 Eigelb
50 g *Mie de pain* (Weißbrot ohne Kruste), gewürfelt
24 Weinbergschnecken

- Den Ofen auf 200 °C vorheizen.

- Die Butter mit allen Zutaten außer den Schnecken mischen. Die Schnecken in einem Sieb kalt abbrausen und gut abtropfen lassen. In ofenfeste Schalen verteilen und die Käuterbutter darübergeben.

- Die Schnecken im Ofen einige Minuten backen, bis sie eine schöne Farbe haben und sich der Duft in der Küche ausgebreitet hat. Mit geröstetem Brot oder Foccacia servieren.

STAUB
LA COCOTTE

PLAT du JOUR

HAUSMANNSKOST

Eine Wurst, gefüllt mit Leckereien und Liebe, ein Burger mit reichlich Trüffel oder eine Dorsch-Brandade, wie sie bei Guy Savoy in Paris zubereitet wird. Eine Kalbshaxe, gebacken, bis sie zerfällt, ein langsam gegartes Spanferkel oder ein gegrilltes Kaninchen mit Nüssen. Moderne Küche mit alten Anklängen – lieb gewonnene Klassiker der Hausmannskost mit eigenem Pfiff werden zu absoluten Herzwärmer-Favoriten.

MOULIN ROUGE
THEATRE
MOULIN
ROUGE
c'est très excitant!...
REVUE
BA-TA-CLAN

LES PLATS DU JOUR

Das Tagesgericht – dieses Wort schmeckt etwas prosaisch, karg, ja fast langweilig. »Plat du Jour« ist da etwas anderes. Abgesehen davon, dass es das Gleiche nur in elegantem Französisch bedeutet, bietet es auch Raum für viel mehr.

Die »Plats du Jour« haben bei uns einen ganz besonderen Stellenwert. Mit ihrem festen Platz auf der Speisekarte sind sie Favoriten, für die unsere Gäste immer wieder kommen. Es sind Gerichte, die man gerne jeden Tag isst – die aber alles andere als eintöniger Alltag sind. Sie sind komplex, aber alles andere als kompliziert. Sie sprechen gleichermaßen Magen und Auge an – aber es ist vermutlich das Herz, das von ihnen am meisten erwärmt wird.

Wie jedes gut zubereitete Essen baut natürlich auch der »Plat du jour« auf sorgfältig ausgewählten Zutaten auf. Die zwei wichtigsten sind Zeit und Liebe. Dass Essen mit viel Liebe zubereitet werden soll, klingt selbstverständlich und vielleicht etwas platt. Aber diese Gerichte verlangen wirklich danach, dass man sie liebevoll hegt und pflegt, und erfordern Vorbereitung.

Im *Le Rouge* fängt diese Sorgfalt schon dann an, wenn die Lieferanten beim Kücheneingang mit den Rohstoffen ankommen und diese kritisch begutachtet werden. Manche frischen Zutaten steuert Marco Baudone nach einem Tag mit der Flinte im Wald selbst bei. Während der Jagd hat er Zeit, sich zu überlegen, wie er alle Beutestücke für ebenso leckere wie spektakuläre Gerichte verwenden kann.

In der Restaurantküche geht die Arbeit mit all der sorgfältigen Verarbeitung und Handwerkskunst weiter, die ein »Plat du jour« erfordert. Das Fleisch muss zerlegt und das Gemüse geputzt und geschnitten werden, alles während ein wachsames Auge auf dem Kochen der Brühe ruht und der Mixer warm läuft. Die Geschmackskompositionen werden ständig probiert und immer wieder justiert. Dazu braucht man großes fachliches Können und die Fähigkeit zum Multitasking. Meist stehen mehrere Gerichte in verschiedenen Stadien gleichzeitig auf dem Herd.

Diese Kochweise vollzieht sich nicht im Handumdrehen. Man muss ihr geben, was sie braucht: die Tiefe, die durch langes Kochen entsteht, kräftige Geschmäcker, die während der langen Garzeit bei niedriger Temperatur heranreifen. Wenn das Fleisch lange gegart wird, erreicht es perfekte Zartheit. Das endgültige Ergebnis ist zum Fingerabschlecken: saftiges Fleisch, das fast von alleine vom Knochen fällt.

Es geht nicht darum, dass einzelne Zutaten die Hauptrolle spielen, sondern um die bunte Palette vielfältiger Geschmacksnoten, die miteinander interagieren und ein tiefes und kraftvolles Ganzes bilden. Oft kommen Gewürze mit einem ganz charakteristischen Geschmack zum Einsatz, wie Fenchel, Lorbeer und Thymian. Diese überstehen längere Zubereitungszeiten und verleihen dem Ganzen eine solide Geschmacksbasis, während sie vor sich hinköcheln oder im Ofen mit dem Braten gebraten werden. Auch eine beträchtliche Menge Wein verschwindet in den Töpfen und fügt dem Ganzen noch einmal eine kräftige Note hinzu.

Es klingt, als ob diese Art zu kochen eine Geduldsprobe wäre? Sie erfordert eine ganze Menge Zeit und eine große Portion Liebe.

Ein rundes Restauranterlebnis ist wie ein wohl komponiertes Werk, zu dem viele ihren Teil beitragen. Von der Reservierung und der Begrüßung über einen herzlichen Service und das liebevoll zubereitete Essen bis zu den guten Wünschen für den Heimweg – alles muss klappen für einen unvergesslichen Besuch. Wenn die letzten Gäste das Restaurant zufrieden verlassen, kann das Team kurz verschnaufen, wohl wissend, dass morgen alles wieder von vorne anfängt.

SAUCISSE À LA MARJOLAINE ET AU CUMIN

Majoran-Kümmel-Wurst

FÜR ETWA 20 WÜRSTE

Für dieses Rezept benötigt man eine Wurstfüllmaschine. Im Le Rouge *gibt es oft selbst gemachte Wurst, hier unser Lieblingsrezept.*

---

1 ½ kg Schweinehackflesich
300 g Salsiccia, ohne Pelle
3 EL Kartoffelstärke
100 ml Mineralwasser
1 TL Nitritpökelsalz
1 TL schwarzer Pfeffer
2 EL Kümmelsamen
1 TL Knoblauchpulver
10 Zweige Majoran, Blätter abgezupft
Schweinedarm als Pelle

- Alle Zutaten bis auf die Wurstpelle in einer Schüssel mischen. Die Pelle mithilfe einer Wurstfüllmaschine füllen.

- Die Wurst braten und beispielsweise mit einem Gemüseragout und Rotweinsauce servieren (s. S. 145).

CÔTE DE BŒUF BORDELAISE

Rinderrippchen bordelaise

FÜR 4–6 PERSONEN

1,2 kg Rippenbögen vom Rind
Salz
schwarzer Pfeffer
3 EL Öl
100 ml Rotwein
50 ml Weißwein
500 ml Kalbsfond
1 Knoblauch, gehackt
4 Zweige Thymian
6 Zweige glatte Petersilie, Blätter und Stiele getrennt
2 Schalotten, gehackt

FÜR DIE BEILAGEN:
100 g Rindermark, am Stück
Salz
4 kleine Karotten
10 Cocktailtomaten
100 g braune Kräuterseitlinge, in Scheiben geschnitten
Butter
schwarzer Pfeffer
100 ml Rotweinsauce (s. S. 145)

- Den Ofen auf 120 °C vorheizen. Die Rippchen rundum mit Salz und Pfeffer würzen und in einer Pfanne im heißen Öl von allen Seiten anbraten, bis sie eine schöne Farbe angenommen haben.

- Beide Weinsorten und den Kalbsfond in einen Bräter gießen. Rippchen, Knoblauch, Thymianzweige, Petersilienstiele und Schalotten hinzufügen und alles etwa 1 Stunde im Ofen schmoren. Wenn sich das Fleisch fast vom Knochen löst, sind die Rippchen fertig.

- Inzwischen für die Beilagen das Rindermark in einem Topf mit Salzwasser etwa 5 Minuten köcheln.

- Karotten in leicht gesalzenem Wasser weich kochen. Tomaten und Pilze in einer Pfanne mit Butter anbraten. Das Mark hinzufügen, alles mit Salz und Pfeffer abschmecken. Etwas Rotweinsauce hinzufügen und mit den gehackten Petersilienblättern bestreuen. Beilagen und Rotweinsauce mit den Rippchen servieren.

STAUB
STAUB
STAUB
STAUB

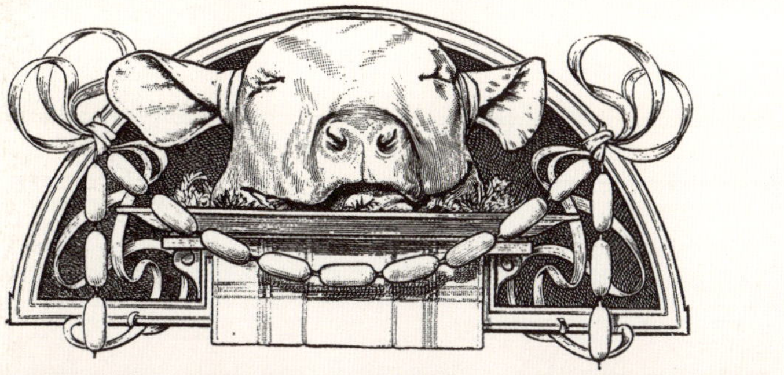

JARRET DE VEAU

KALBSHAXE

FÜR 4 PERSONEN

1,3 kg Kalbshaxe
mit Knochen
Salz
schwarzer Pfeffer
3 EL Öl
100 g Butter

1 Karotte, gewürfelt
1 Knoblauchzehe, gewürfelt
1 Zwiebel, gewürfelt
2 Tomaten, gewürfelt
200 ml Rotwein
300 ml Kalbsfond

ALS BEILAGEN:
Zwiebeln mit Bohnenkraut (s. S. 153)
Kleine eingelegte Artischocken (s. S. 153)
Balsamico-Tomaten (s. S. 142)
Zitronen-Mairübchen (s. S. 142)

- Den Ofen auf 120 °C vorheizen. Die Haxe salzen und pfeffern und in einem Bräter im heißen Öl rundum scharf anbraten, dann die Butter hinzufügen. Gemüse und Flüssigkeit dazugeben und die Haxe im Ofen etwa 1 Stunde schmoren. Sobald sich das Fleisch leicht vom Knochen löst, ist die Haxe fertig.

- Die Haxe aus dem Ofen nehmen und warm halten. Bratensatz zu einer Sauce einkochen, durch ein Sieb gießen und mit Salz und Pfeffer würzen. Nach Belieben mit Stärke binden. Die Haxe mit der Sauce, Zwiebeln, Artischoken, Tomaten und Mairübchen servieren.

D.CARNEGIE

– EIN GEBRÄU FÜR BRASSERIEN –
In der zweiten Hälfte des 19. Jahrhunderts eröffneten immer mehr französische Brauereien Restaurants, um den Absatz ihrer Produkte zu steigern – die Brasserie war aus der Taufe gehoben. Mit den Jahren wurde auch Wein in das Repertoire aufgenommen. Aber zu Meeresfrüchten, Schmorgerichten, Käse und sogar Desserts gibt es nach wie vor immer eine passende Sorte Bier.

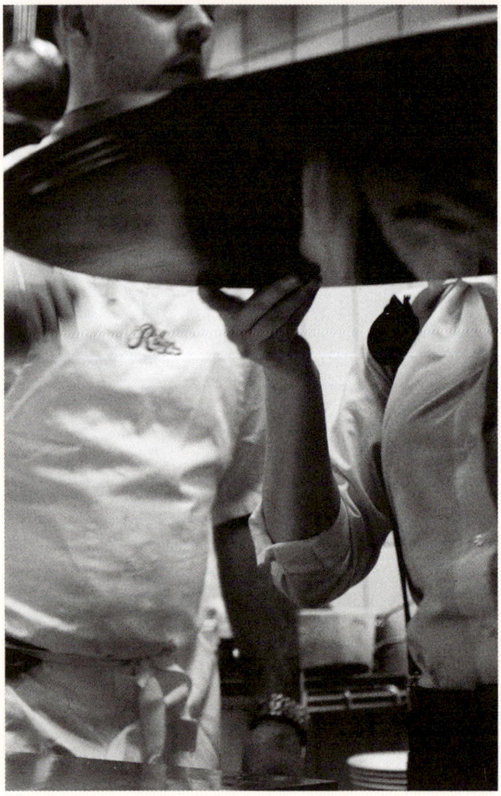

Lapin aux pistaches avec mortadelle

Kaninchen mit Pistazien und Mortadella

FÜR 6 PERSONEN

1 Kaninchen, küchenfertig
Öl
3 EL Pistazien, grob gehackt
100 g Mortadella, fein geschnitten
100 g Lardo-Speck, fein geschnitten
30 g Kalbshackfleisch
3 Zweige Bohnenkraut, Blätter abgezupft
Salz
schwarzer Pfeffer
Schweinenetz und Küchengarn zum Fixieren

- Den Ofen auf 120 °C vorheizen. Die Hinterläufe des Kaninchens abtrennen und in einer Pfanne in heißem Öl rundum scharf anbraten. In eine ofenfeste Form geben und etwa 25 Minuten im Ofen garen. Aus dem Ofen nehmen und abkühlen lassen.
- Das ganze Kaninchen ausbeinen. Für die Füllung das Fleisch der abgekühlten Hinterläufe in Würfel schneiden und mit den restlichen Zutaten bis auf das Schweinenetz mischen.
- Das Kaninchen rundum leicht einschneiden, damit es sich beim Braten nicht zusammenzieht, und von allen Seiten salzen und pfeffern. Das Kaninchen mit der Fleischmasse füllen, zu einer Rolle formen und mit dem Schweinenetz umwickeln. Mit Küchengarn fixieren, nochmals salzen und pfeffern. Das Kaninchen in einem Bräter in heißem Öl von allen Seiten scharf anbraten.
- Die Ofentemperatur auf 130 °C erhöhen. Das Kaninchen im Ofen braten, bis die Kerntemperatur 52 °C erreicht hat. Das Kaninchen gerne mit glasierten Zwiebeln und geröstetem Gemüse nach Wahl servieren.

HAMBURGER ROSSINI

ROSSINI-BURGER

FÜR 5 PERSONEN

1 kg gutes Rinderhackfleisch
(am besten 30 % Hochrippe und 70 % Schabefleisch)
1 EL Dijon-Senf
3 Prisen Salz
3 Prisen schwarzer Pfeffer

FÜR DIE BEILAGEN:
5 gute Burger-Brötchen
1 Scheibe Entenleber, gebraten
100 g Feldsalat, in etwas Vinaigrette
schwarzer Trüffel, gehobelt
1 grüner Apfel, gehobelt
2 Radieschen, gehobelt
Trüffel-Aioli (s. S. 150)

- Hackfleisch mit Senf, Salz und Pfeffer in einer Schüssel mischen und zu fünf Frikadellen formen.

- Die Frikadellen in einer Grillpfanne »medium rare« grillen, etwa 5 Minuten auf jeder Seite. Mit den übrigen Beilagen zu Burgern zusammensetzen und servieren.

RÔTI DE COCHON DE LAIT PORCHETTA

ROLLBRATEN VOM SPANFERKEL

FÜR 10 PERSONEN

1 Bauch vom Spanferkel
3 Zweige Rosmarin, Blätter abgezupft
3 Zweige Thymian, Blätter abgezupft
3 Zweige Salbei, Blätter abgezupft
1 Knoblauchknolle, geschält und fein gehackt
Küchengarn
Salz
schwarzer Pfeffer
3 EL Öl
1 EL Butter
4 kleine Schalotten

- Den Ofen auf 125 °C vorheizen. Den Bauch innen einschneiden, damit er sich beim Braten nicht zusammenzieht. Die Kräuter und einen Teil des Knoblauchs auf die Fleischseite streuen. Alles aufrollen und mit Küchengarn zu einer großen Rolle schnüren. Von außen mit Salz und Pfeffer würzen.

- Die Porchetta in einem Bräter im heißen Öl rundum scharf anbraten. Butter, restlichen Knoblauch und Kräuterstiele hinzufügen. Die Schalotten dazugeben und die Porchetta im Ofen etwa 3 Stunden braten. Sie soll am Ende gut durchgegart und saftig sein.

- Die Porchetta in Scheiben schneiden und mit den Schalotten und beispielsweise einem Linsenragout servieren. Sie schmeckt auch am nächsten Tag kalt und in dünne Scheiben geschnitten.

POISSONS et FRUITS de MER

FISCH und MEERESFRÜCHTE

Ein paar schnell geknackte Austern mit Schalotten-Vinaigrette, eine Platte mit allen Leckereien, die das Meer zu bieten hat: Scampi und Hummer, Muscheln und Schnecken. Die besten Fische und Meeresfrüchte, schonend in Folie gegart, ein auf den Punkt gegrillter Thunfisch à la niçoise oder eine rustikale Bouillabaisse, die die ganze Vielfalt zeigt, die das Meer zu bieten hat.

Thon à la niçoise

Thunfisch niçoise

FÜR 4 PERSONEN

Verwenden Sie die Zutaten, die Sie gerade zu Hause haben oder leicht besorgen können. Das Gericht lässt sich sowohl als Salat als auch als Vorspeise servieren. Es eignet sich aber auch wie hier als reichhaltiges Hauptgericht. Im Sommerhalbjahr steht der Thunfisch niçoise ständig auf der Karte im Le Rouge.

650 g frischer Thunfisch
1 EL Gewürzmischung *Thon Provençale* (s. S. 146)
Salz
3 EL Olivenöl
4 Eier, weich gekocht, gepellt und gewürfelt
1 reife Tomate, in Spalten geschnitten
4 ganze Sardellenfilets
2 Radieschen, gewürfelt
50 g schwarze Oliven
4 eingelegte Artischocken (s. S. 153)
1 Fenchel, gehobelt oder gekocht
1 rote Paprikaschote, geröstet und in 6 Stücke geschnitten
einige Blätter Rucola
2 EL Kapern
2 unbehandelte Zitronen, in Spalten geschnitten

- Den Thunfisch mit der Gewürzmischung und Salz würzen. In Scheiben schneiden und kurz in einer Pfanne im heißem Öl braten, der Thunfisch sollte »rare« serviert werden.

- Alle übrigen Zutaten für den Salat in einer großen Schüssel mischen. Mit den Zitronenspalten oder nur mit Olivenöl oder einem Dressing aus einem Teil Essig, einem Teil Senf und zwei Teilen Olivenöl servieren.

PLIE MEUNIÈRE

SCHOLLE MEUNIÈRE

FÜR 4 PERSONEN

120 g Mehl
120 g Grahammehl (Weizenvollkornschrot)
2 Doppelfilets von der Scholle, ohne Haut
Salz
schwarzer Pfeffer
50 ml Öl
200 g Butter
1 unbehandelte Zitrone, geviertelt

- Die beiden Mehlsorten auf einem flachen Teller mischen. Die Fischfilets darin von beiden Seiten wenden.

- Die Filets mit Salz und Pfeffer würzen. Sofort in der heißen Pfanne in Öl und Butter braten. Nehmen Sie etwas mehr Fett als sonst. Der Fisch soll schön knusprig werden. Noch warm mit Zitrone und nach Belieben mit Roter Bete und Kapern servieren.

CHAMPAGNE
BRUT
Diebolt-Vallois
CRAMANT

Ein paar gegarte Muscheln, ein schnell gegrillter Scampo und Weißwein. Das Rezept für Brasserieglück ist einfach.

Papillotes de poisson et fruits de mer

Fisch- und Meeresfrüchtepäckchen

FÜR 4 PERSONEN

Papillotes ist eigentlich die Bezeichnung für etwas, das in einem Päckchen im Ofen gebacken wird. Hier eine Art offene Papillote.

1 Hummer, gekocht und geschält
½ kg Miesmuscheln
4 Gambas
4 Jakobsmuscheln
100 g kleine Fische, wie Sardinen oder Hering

Den Fisch und die Meeresfrüchte in einer Grillpfanne oder auf dem Holzkohlengrill auf Alufolie garen. Mit Rouille (s. S. 113) und gekochtem Gemüse servieren.

MOULES MARINIÈRES

MIESMUSCHELN IN WEISSWEIN

Im Le Rouge *servieren wir gehackte Petersilie, Aioli und Pommes frites zu unseren Moules marinières.*

FÜR 4–6 PERSONEN

---

2 kg Miesmuscheln
1 EL Olivenöl
1 EL Butter
2 Schalotten, fein gehackt
2 Knoblauchzehen, fein gehackt
100 ml Weißwein
150 ml Sahne
3 EL glatte Petersilie, fein gehackt

- Die Muscheln gründlich waschen und den »Bart« abreißen. Bereits geöffnete Exemplare entfernen, wenn sie sich unter kaltem Wasser nicht schließen.

- Öl und Butter in einem Topf erhitzen, Schalotten und Knoblauch darin anschwitzen. Muscheln und Wein hinzufügen und zugedeckt einige Minuten kochen, bis sich die Muscheln öffnen. Noch geschlossene Exemplare ebenfalls entfernen.

- Kurz vor Garzeitende die Sahne hinzufügen. Den Sud in eine Schüssel abgießen, zu Schaum schlagen und über die gegarten Muscheln gießen. Mit der Petersilie bestreuen und nach Belieben mit Mayonnaise (s. S. 39) servieren.

BAR GRILLÉ

GEGRILLTER WOLFSBARSCH

FÜR 4 PERSONEN

4 ganze Wolfsbarsche
6 Zweige Thymian
½ Fenchel, in dünne Streifen geschnitten
1 unbehandelte Zitrone, in dünne Scheiben geschnitten
2 EL Olivenöl
Salz
schwarzer Pfeffer

- Die Fische innen mit Thymian, Fenchel und Zitronenscheiben füllen.
- Die Fische rundum mit Öl einreiben und mit Salz und Pfeffer würzen. Die Fische in einer Grillpfanne oder auf dem Holzkohlengrill garen.

OBÉDIENCERIE DE CHABLIS, FRANCE

BOUILLABAISSE Maison Rouge

Fisch- und Meeresfrüchte-Suppe

FÜR 6–8 PERSONEN

Dieses Gericht steht seit unserer Eröffnung im Jahr 2007 auf der Karte, nachdem Danyel Couet und ich das Chez Fonfon *in Marseille besucht hatten. Man sagt, dass dort die Bouillabaisse zum ersten Mal überhaupt serviert wurde.*

FÜR DEN HUMMERFOND:

2 kg Hummerschalen, zerstoßen
1 Zwiebel, grob zerkleinert
1 Fenchel, grob zerkleinert
2 Karotten, grob zerkleinert
1 Knoblauch, grob zerkleinert
3 EL Tomatenmark
400 g Tomatenstücke (aus der Dose)
5 Zweige Thymian, 1 l Weißwein

FÜR DIE SUPPE:

2 EL Olivenöl, je 1 Fenchel, Zwiebel und Karotte, grob zerkleinert
2 EL Tomatenmark, 200 g Tomatenstücke (aus der Dose), 1 Knoblauchzehe, 1 g Safran (2 Päckchen), 6 Tomaten, gehackt, Sherryessig, Zitronensaft, Salz, schwarzer Pfeffer

FÜR DIE EINLAGE

(ca. 150 g Fisch pro Person + Meeresfrüchte):
Miesmuscheln, Venusmuscheln, Thunfisch, Wolfsbarsch, Rotbarsch/Steinbutt, Hummer,
1 Fenchel, gekocht
einige Karotten, gekocht
einige Kartoffeln, gekocht
unbehandelte Zitronenspalten

- Für den Fond alle Zutaten in einem Topf aufkochen und etwa 1 Stunde köcheln. Dann vom Herd nehmen und noch 15 Minuten ziehen lassen. Den Fond durch ein feines Sieb gießen.

- Für die Suppe in einem Bräter im Öl alles bis auf gehackte Tomaten, Essig, Zitronensaft, Salz und Pfeffer kurz anbraten. Dann die gehackten Tomaten dazugeben, mit dem Fond ablöschen und etwa 2 Stunden köcheln. Die Suppe durch ein Sieb gießen. Mit Essig, Zitronensaft, Salz und Pfeffer abschmecken und zurück in den Bräter geben.

- Im *Le Rouge* bereiten wir den Fisch extra zu und kochen die Miesmuscheln und den Hummer. Aber man kann den Fisch und die Muscheln sowie das gekochte Gemüse genauso gut einige Minuten vor dem Servieren direkt in der Suppe garen. Rouille, Croutons und Zitronenspalten zur Suppe servieren.

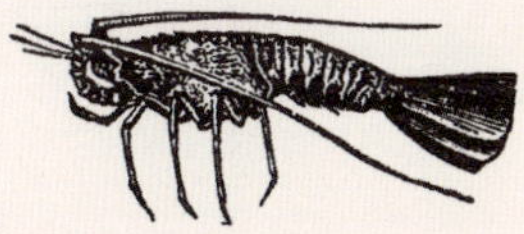

KRÄUTERMAYONNAISE/ROUILLE

100 g Mayonnaise (s. S. 39),
1 Knoblauchzehe, gerieben, 1 Msp. Safran,
1 Spritzer Weißwein, Saft von ½ Zitrone, 1 EL Sherryessig,
¼ rote Paprikaschote, geröstet und geschält,
Salz, weißer Pfeffer

- Alle Zutaten in einem hohen Rührgefäß pürieren und mit Salz und Pfeffer abschmecken.

BRANDADE de MORUE

FISCHKARTOFFELPÜREE MIT DORSCH

FÜR 6–8 PERSONEN

Dieses Rezept habe ich während meiner Arbeit bei Guy Savoy in Paris kennengelernt. Ein echter Klassiker der französischen Hausmannskost!

1 kg Kartoffeln, geschält
Salz
300 g Dorschkarkassen (Flossen, Bauch, Verschnitt)
100 g geräucherter Speck
3 Knoblauchzehen, fein gehackt
2 TL geräuchertes Salz
2 Zweige Thymian
1 l Milch
Olivenöl
Saft von 1 Zitrone
weißer Pfeffer
1 Bund glatte Petersilie, fein gehackt
100 g Paniermehl
400 g Dorschrückenfilets
Baconscheiben, gebraten
Rotweinsauce (s. S. 145)

- Die Kartoffeln in Salzwasser kochen, abgießen und durch eine Kartoffelpresse in eine Schüssel drücken.
- Inzwischen Dorschkarkassen, Speck, Knoblauch, Räuchersalz und Thymian in der Milch etwa 4 Minuten kochen. Die Gräten entfernen, das Dorschfleisch zum Kartoffelschnee rühren und etwas Milchbrühe und Öl hinzufügen. Mit Zitronensaft, Salz und Pfeffer abschmecken und die Petersilie dazugeben.
- Den Ofen auf Grillfunktion vorheizen. Das Fischpüree in eine ofenfeste Form füllen und mit Paniermehl bestreuen. Die Brandade unter dem Ofengrill 3 Minuten grillen, bis sie Farbe bekommen hat.
- Die Dorschfilets kurz vor dem Servieren in Öl braten und mit Brandade, gebratenem Bacon und Rotweinsauce servieren.

FR
72.078.002
CE

VIANDE et VOLAILLE
FLEISCH und GEFLÜGEL

Selbst erlegtes Wild, arabisch angehauchtes Hähnchen oder eine zarte Variante in Weißwein. Ein hervorragendes Côte de bœuf wird ganz bestimmt zum Gesprächsthema bei Tisch, genauso wie das Beefsteakhack nach Art des *Le Rouge*. Das sind die Trümpfe beim Abendessen, für welche Jagd auf die besten, weil unvergesslichen Zutaten gemacht wird. Vielleicht sogar buchstäblich im Wald.

CÔTE DE BŒUF

Entrecôte mit Knochen

Ein normales Entrecôte eignet sich für dieses Rezept ebenso wie eines mit Knochen, das schwieriger zu bekommen ist.

FÜR 2–3 PERSONEN

1 Entrecôte mit Knochen (etwa 1,2 kg)
1 EL Salz
2 EL Gewürzmischung *Bœuf* (s. S. 146)
3 EL Rapsöl

- Den Ofen auf 100 °C vorheizen. Das Fleisch rundum mit Salz und der Gewürzmischung einreiben und mit dem Öl beträufeln.
- Das Fleisch in einer heißen Pfanne braten oder grillen, sodass es von allen Seiten eine schöne Farbe hat. Dann in eine ofenfeste Form setzen und im Ofen garen, bis die Kerntemperatur 54°C erreicht hat.

Im Le Rouge *wechseln wir die Beilagen nach Jahreszeit: Manchmal servieren wir das Côte de bœuf wie hier mit Trüffel-Kartoffel-Püree (s. u.), manchmal mit gebackenen Schalotten und Balsamico-Tomaten (s. S. 142).*

Purée de pommes de terre aux truffes

Trüffel-Kartoffel-Püree

Je nach Saison kommt der Trüffel aus Gotland, Italien oder Frankreich. Alternativ eingelegten Trüffel verwenden.

FÜR 6–8 PERSONEN

1 kg Mandelkartoffeln oder Bamberger Hörnchen, geschält
Salz
200 g weiche Butter
400 ml lauwarme Sahne
50 g schwarzer Trüffel, gehackt

- Die Kartoffeln in Salzwasser einmal aufkochen, dann abgießen. Mit frischem Wasser auffüllen und etwa 20 Minuten kochen, dadurch wird das Püree nicht zu mehlig. Abgießen und kurz ausdampfen lassen.
- Die Kartoffeln durch eine Kartoffelpresse in eine Schüssel drücken. Butter und Sahne hinzufügen und alles verrühren, bis ein glattes Püree entstanden ist. Mit Trüffel und Salz würzen.

SELLE DE CERF RÔTIE ENTIÈRE

Im Ganzen gebratener Hirschrücken

FÜR 4–6 PERSONEN

Im Le Rouge *wird der Hirschrücken mit karamellisiertem Muskatkürbis, Lardo-Speck, Polenta und Traubensauce serviert.*

1 Hirschrücken mit Knochen (etwa 2 ½ kg)
2 EL Gewürzmischung *Gibier* (s. S. 146)
100 ml Öl
100 g Butter
2 Schalotten, gewürfelt
4 Knoblauchzehen, leicht zerdrückt
5 Zweige Thymian
Küchengarn

- Den Ofen auf 120 °C vorheizen. Den Hirschrücken mit Küchengarn zusammenbinden und mit der Gewürzmischung einreiben.

- Den Hirschrücken in einer Pfanne im heißen Öl anbraten. Die Butter hinzufügen und das Fleisch von allen Seiten braten, bis es eine schöne Farbe hat.

- Den Hirschrücken mit Schalotten, Knoblauch und Thymian in einen Bräter setzen. Im Ofen braten, bis er eine Kerntemperatur von 53 °C erreicht hat. Vor dem Servieren kurz ruhen lassen.

PIGEON AUX COCOS BLANCS

Tauben mit Cassoulet

FÜR 2 PERSONEN

2 Tauben, küchenfertig
Salz
schwarzer Pfeffer oder Gewürzmischung *Gibier* (s. S. 146)
3 EL Öl
50 g Butter
3 Knoblauchzehen, zerdrückt
3 Zweige Thymian

FÜR DAS CASSOULET:
4 Brokkoliröschen
4 Karotten, gewürfelt
Salz
1 EL Olivenöl
100 g weiße Bohnen, gekocht
50 g Butter
200 ml Hühnerbrühe
schwarzer Pfeffer
Petersilie, gehackt

- Den Ofen auf 150 °C vorheizen. Die Tauben mit Salz und Pfeffer oder der Gewürzmischung würzen und in einer Pfanne im heißen Öl anbraten. Butter, Knoblauch und Thymian hinzufügen und die Tauben rundum scharf anbraten.

- Die Tauben in eine ofenfeste Form setzen und im Ofen etwa 20 Minuten garen, bis die Kerntemperatur 60 °C erreicht hat. Das Fleisch soll rosa gebraten sein. Vor dem Servieren kurz ruhen lassen.

- Für die Beilagen gleichzeitig Brokkoli und Karotten in leicht gesalzenem Wasser kochen, bis sie gerade eben durch sind. Das Wasser abgießen.

- Das Olivenöl in einer Pfanne erhitzen. Brokkoli, Karotten, Bohnen, Butter und Brühe dazugeben und alles darin aufwärmen. Das Cassoulet mit Salz und Pfeffer abschmecken und mit Petersilie bestreuen. Zu den Tauben servieren.

FR
01.266.001
Chapon
01340 Montrevel en Bresse

COQ AU VIN BLANC

Hähnchen in Weißwein

FÜR 4 PERSONEN

Coq au vin blanc haben wir schon früh in unsere Speisekarte aufgenommen. Es gibt mehrere Varianten, diese schmeckt kräftig-frisch.

1 Hähnchen
Salz
schwarzer Pfeffer
2 EL Öl
2 Schalotten, fein gehackt
2 Knoblauchzehen, zerdrückt
200 g Butter
1 Bouquet garni
300 ml Weißwein
500 ml Hühnerbrühe
200 ml Sahne
2 EL Sherryessig
4–6 Perl- oder Burrianazwiebeln
4 Karotten, gewürfelt
200 g geräucherter Speck, gewürfelt
200 g gemischte Pilze, gewürfelt
2 reife Tomaten, gehackt
4–6 Stiele glatte Petersilie, gehackt

- Den Ofen auf 130 °C vorheizen. Das Hähnchen mit Salz und Pfeffer würzen und in einer Pfanne im heißen Öl rundum anbraten. In eine ofenfeste Form setzen und im Ofen etwa 1 Stunde braten.
- Schalotten und Knoblauch in 100 g Butter anschwitzen, Bouquet garni und Wein hinzufügen und alles aufkochen. Brühe und Sahne dazugeben und weiterkochen.
- Alles durch ein Sieb gießen und die Sauce mit 50 g Butter, Essig, Salz und Pfeffer abschmecken. Die Zwiebeln in einer Pfanne in 50 g Butter braten, salzen und pfeffern. Zum Hähnchen geben und die letzten 20 Minuten mitbraten.
- Die Karotten in gesalzenem Wasser gerade eben weich kochen. Den Speck in einer Pfanne braten und auf Küchenpapier abtropfen lassen. Die Pilze in einer Pfanne in etwas Öl scharf anbraten.
- Das Hähnchen zerlegen, auf einer Platte anrichten und mit Gemüse, Speck und Pilzen belegen. Die Sauce darübergießen und mit Kartoffelpüree (s. u.) servieren. Mit Tomaten und Petersilie garnieren.

PURÉE DE POMMES DE TERRE

Kartoffelpüree

FÜR 4 PERSONEN

1 kg Kartoffeln, geschält
Salz
300 g Butter
300 ml warme Sahne

- Die Kartoffeln in Salzwasser einmal aufkochen, dann abgießen. Mit frischem Wasser auffüllen und etwa 20 Minuten kochen, dadurch wird das Püree nicht zu mehlig. Abgießen und etwa 5 Minuten ausdampfen lassen.
- Die Kartoffeln durch eine Kartoffelpresse in eine Schüssel drücken. Butter und warme Sahne hinzufügen und alles zu einem glatten Püree rühren.

BRESSE

FAISAN ET POLENTA

Fasan mit Polenta

FÜR 2 PERSONEN

1 Fasan, küchenfertig
Salz
schwarzer Pfeffer oder Gewürzmischung *Volaille* (s. S. 146)
3 EL Öl
50 g Butter
1 Schalotte, gehackt
2 Knoblauchzehen, gehackt
5 Zweige Thymian, Blätter abgezupft
2 Zweige Rosmarin, Blätter abgezupft
5 Stiele glatte Petersilie, Blätter abgezupft

- Den Ofen auf 150 °C vorheizen. Den Fasan salzen und pfeffern und im heißen Öl rundum scharf anbraten. In eine ofenfeste Form setzen und Butter, Schalotte, Knoblauch und Kräuter hinzufügen.

- Den Fasan im Ofen etwa 20 Minuten braten, bis die Kerntemperatur 60 °C erreicht hat. Vorsicht, der Fasan darf nicht zu trocken werden.

- Den Fasan in der Mitte teilen, mit Polenta und etwas Rotweinsauce (s. S. 145) servieren.

POLENTA

Butter und Käse machen die Polenta cremig, sodass sie wunderbar zum Fasan passt.

100 g Maisgrieß
400 ml Hühnerbrühe oder Wasser
Salz
2 EL Olivenöl
100 g Parmesan, gerieben
100 g Butter
schwarzer Pfeffer

- Den Maisgrieß nach Packungsanweisung mit der Brühe und etwas Salz in einem Topf kochen.

- Öl, Parmesan und Butter zum Servieren unterrühren. Mit Pfeffer abschmecken.

2009
RIOJA
RODA
RESERVA
2006
BODEGAS RODA, S.A.
Estate Bottled
Product of Spain

BROOKLYN
LOCAL
1

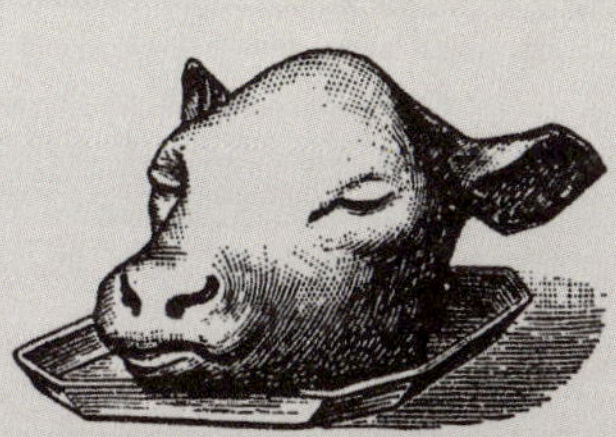

Langue de veau

GEPÖKELTE KALBSZUNGE

FÜR 8–10 PERSONEN

1 gepökelte Kalbszunge
1 Karotte
1 Bouquet garni
1 Zwiebel, gewürfelt
½ Stange Lauch, grob zerteilt

- Alle Zutaten mit etwa 5 l Wasser in einen Topf geben und etwa 45 Minuten kochen. Die Zunge im Sud abkühlen lassen.
- Die Haut von der Zunge entfernen. Das Fleisch in Scheiben schneiden und mit grünem Salat, Croutons und Salsa verde (s. S. 154) servieren.

SALADE CÉSAR

CAESAR SALAD

FÜR 4 PERSONEN

2 Scheiben *Pain au Levain* (s. S. 176)
1 EL Olivenöl
4 Hähnchenbrustfilets oder anderes Hähnchenfleisch, gebraten und gewürfelt
200 g Baconwürfel, gebraten
2 Köpfe Romana-Salat, Blätter abgezupft
200 g Parmesan, gehobelt
schwarzer Pfeffer
4 Stiele glatte Petersilie, Blättchen gehackt

FÜR DAS DRESSING:
150 g Mayonnaise (s. S. 39)
2 EL Milch
2 TL Sherryessig
1 Knoblauchzehe, zerkleinert
4 Sardellenfilets
20–40 g Parmesan, gerieben
Salz
Saft von 1 Zitrone

- Für das Dressing alle Zutaten im Blitzhacker oder in einem hohen Rührbecher mit dem Stabmixer nicht zu fein pürieren. Mit reichlich Salz und Zitronensaft abschmecken.
- Die Brotscheiben in einer Pfanne im heißen Öl oder im Ofen rösten.
- Fleisch, Bacon und Salat in einer Schüssel mischen. Das Dressing unterheben und den Salat mit Parmesan, Pfeffer und Petersilie bestreuen.

GARNITURES et SAUCES

BEILAGEN und SAUCEN

Kleine, violette und unglaublich leckere Artischocken, mit Bohnenkraut aromatisierte Zwiebeln und eine würzige Sauce verte. Oder herrlich süßsaure Tomaten, das scheinbar gewöhnliche Kartoffelgratin und eine Sauce Béarnaise zu Entrecôte. Manchmal sind es die Beilagen, die die Hauptrolle spielen. Mit einem leckeren gegrillten Fisch- oder Fleischstück werden sie leicht zu einer unvergesslichen Mahlzeit.

TOMATES SAUTÉES AU BALSAMIQUE

Balsamico-Tomaten

Diese leckeren Tomaten passen gut zu Fleisch – egal ob vom Grill oder aus der Pfanne.

2 EL Olivenöl
1 EL Zucker
500 g Cocktailtomaten
3 EL Balsamico-Essig

- Öl und Zucker in einer Pfanne erhitzen und die Tomaten darin anbraten.
- Den Essig hinzufügen und alles noch etwa 2 Minuten kochen lassen.

NAVETS AU CITRON

Zitronen-Mairübchen

Die Zitronen-Mairübchen schmecken gut zu Fisch und Fleisch.

1 kg Mairübchen, geschält
FÜR DEN SUD:
700 ml Hühnerbrühe
200 ml Weißwein
200 ml Zitronen- und Orangensaft, gemischt
1 EL Zucker
1 EL Salz
2 Zweige Thymian
2 Zweige Rosmarin
50 g Butter

- Alle Zutaten für den Sud in einem Topf mischen. Die Mairübchen darin etwa 25 Minuten kochen, bis sie gerade weich sind.

ÉCHALOTES RÔTIES AU FOUR

Gebackene Schalotten

FÜR 6 PERSONEN

Die Ofenschalotten passen als Beilage zu Fleisch.

6 Bananen-Schalotten
1 EL Öl
3 Zweige Thymian, Blätter abgezupft
1 Knoblauchzehe, zerdrückt
1 TL Zucker, Salz, schwarzer Pfeffer

- Den Ofen auf 180 °C vorheizen. Schalotten längs halbieren, mit den übrigen Zutaten im Bräter etwa 5 Minuten anbräunen. Dann im Ofen etwa 20 Minuten backen.

SUC DE VIN ROUGE

ROTWEINSAUCE

Diese Sauce ist etwas aufwendig, aber dafür sehr lecker!

FÜR 8–10 PERSONEN

1 EL Olivenöl
50 g Butter
100 g Fleischabschnitte, klein geschnitten
1 EL Zucker
3 Schalotten, fein gehackt
1 Karotte, fein gehackt
1 Knoblauchzehe, grob zerkleinert
2 Stiele glatte Petersilie, Blätter gehackt
1 Zweig Thymian
1 Zweig Rosmarin
2 reife Tomaten, grob zerkleinert
1 EL Tomatenmark
1 l Rotwein
500 ml Kalbsfond

- Öl und Butter in einem Topf erhitzen, alle Zutaten außer Wein und Kalbsfond hinzufügen und darin kurz anschwitzen.
- Wein hinzufügen und alles auf ein Viertel einkochen.
- Dann den Kalbsfond hinzufügen und alles noch 1 Stunde kochen.

SAUCE BBQ

BBQ-SAUCE

300 ml Rotweinsauce (s. o.)
1 Schalotte, gehackt
50 g geräucherter Speck, in feine Streifen geschnitten
1 Chilischote oder einige Tropfen Tabasco
1 EL Tomatenmark
2 Zweige Thymian

- Alle Zutaten in einem Topf aufkochen. Dann vom Herd nehmen und 15 Minuten ziehen lassen.
- Die fertige BBQ-Sauce durch ein Sieb gießen.

MÉLANGES D'ÉPICES
GEWÜRZMISCHUNGEN

Alle Gewürzmischungen sind trocken und eignen sich zum Grillen und Braten oder für Marinaden. Für den Hausgebrauch reicht es, wenn Sie jeweils etwa nur ein Zehntel davon zubereiten. Falls Sie sich trotzdem für die volle Menge entscheiden, können Sie die Gewürzmischungen mehrere Monate luftdicht verschlossen aufbewahren. In kleinen Weckgläsern sehen sie sehr dekorativ aus.

VOLAILLE
Passt zu Hähnchen und Geflügel.

30 g Voatsiperifery-Pfeffer (wilder Pfeffer), 120 g schwarzer Pfeffer, 7 g getrockneter Estragon, 1 EL Knoblauchpulver, 1 TL Farinzucker, 1 TL Salz

BŒUF
Passt zu Rind- und Schweinefleisch.

120 g schwarzer Pfeffer, 30 g langer oder Stangenpfeffer, 1 EL tasmanischer Bergpfeffer, 2 EL Kreuzkümmel, 1 ½ EL Koriandersamen, 1 EL Maniguette-Paradieskörner, 3 EL Farinzucker

GIBIER
Passt zu Wildbret.

40 g Chilipulver, 60 g Koriandersamen, 50 g Kümmelsamen, 100 g Kreuzkümmel, 15 Stück Sternanis, 20 g Cayennepfeffer, 80 g getrockneter Ingwer, 40 g Kaffeebohnen, gemahlen (gerne in der Gewürzmühle)

CAFÉ DE PARIS
Passt zu Rindfleisch und Sauce Béarnaise.

15 g getrockneter Oregano
15 g getrockneter Estragon
15 g getrockneter Majoran
40 g Cayennepfeffer, 40 g Paprikapulver,
20 g Zwiebelpulver, 20 g Knoblauchpulver,
15 g Koriandersamen, 12 g Kurkuma,
20 g Senfpulver, 10 g Currypulver,
45 g Farinzucker

THON PROVENÇALE
Passt zu Thunfisch.

135 g Fenchelsamen, 60 g Koriandersamen, 25 g Anis, 40 g Paprikapulver, 15 g getrockneter Rosmarin, 15 g getrockneter Majoran, 40 g Zwiebelpulver, 80 g Knoblauchpulver
20 g Peperoncino oder getrocknete Chili
60 g schwarzer Pfeffer, 80 g Selleriesalz,
1 EL Zitronensäure, 90 g Farinzucker

Alle Zutaten der jeweiligen Gewürzmischung mischen. Das Ergebnis wird besser, wenn man die Gewürze selbst mahlt und nicht fertig gemahlen kauft.

BOEUF
VOLAILL
Epice Thon
Gibier

Croquettes de pommes de terre

KROKETTEN

FÜR 8 PERSONEN

1 kg Kartoffeln, geschält, Salz, abgeriebene Schale und Saft von 1 unbehandelten Zitrone, 3 Eigelb, 40 g Gruyère, gerieben, 1 EL Piment d'Espelette, 5 Stiele glatte Petersilie, Blätter gehackt, schwarzer Pfeffer

ZUM FRITTIEREN: 1 l Frittierfett

ZUM PANIEREN: 180 g Mehl, 6 Eier, verquirlt, 180 g Paniermehl

- Die Kartoffeln in Salzwasser weich kochen, abgießen und ausdampfen lassen. Durch eine Kartoffelpresse drücken, übrige Zutaten hinzufügen und alles salzen und pfeffern. Zu kleinen, runden Bällchen formen.
- Das Fett auf 180 °C erhitzen. Die Bällchen doppelt panieren, dafür erst nacheinander in Mehl, Eiern und Paniermehl wenden und dann nochmals in Eiern und Paniermehl wenden.
- Im Fett goldbraun frittieren. Vor dem Servieren salzen.

Écrasée de pommes de terre

STAMPFKARTOFFELN

FÜR 8–10 PERSONEN

1 kg Kartoffeln, geschält, Salz, 200 ml zerlassene Butter, Saft und abgeriebene Schale von 2 unbehandelten Zitronen, schwarzer Pfeffer, ½ Bund Schnittlauch, gehackt

- Kartoffeln in Salzwasser weich kochen, abgießen und ausdampfen lassen. Mit einer Gabel zerdrücken und Butter unterrühren. Zitrone, Salz, Pfeffer und Schnittlauch dazugeben.

Gratin de pommes de terre

KARTOFFELGRATIN

FÜR 8–10 PERSONEN

500 ml Milch, 200 ml Sahne, 20 g Butter, 3 Knoblauchzehen, gepresst, 1 kg Kartoffeln, geschält und in Scheiben geschnitten, Salz, Pfeffer

- Ofen auf 170 °C vorheizen. Milch, Sahne, Butter und Knoblauch aufkochen. Kartoffeln hinzufügen und darin erhitzen, salzen und pfeffern.
- Alles in eine Gratinform gießen und im Ofen 30 Minuten backen.

Pommes de terre boulangère

OFENKARTOFFELN

FÜR 8–10 PERSONEN

5 Kartoffeln (ca. 1 kg), geschält, Salz, schwarzer Pfeffer, 1 EL Olivenöl, 100 g Butter, 4 Zweige Thymian, Blätter abgezupft, 2 Knoblauchzehen, gehackt, 100 g Entenleber, gewürfelt, 100 ml Kalbsfond

- Den Ofen auf 170 °C vorheizen. Die Kartoffeln hobeln, salzen und pfeffern, dann portionsweise im heißen Öl braten. Auf ein Backblech legen.
- Butter, Thymian, Knoblauch und Entenleber auf den Kartoffeln verteilen. Mit etwas Fond übergießen und 20 Minuten im Ofen backen, dabei immer wieder etwas Fond zugießen.

Pommes de terre allumettes

SPAGHETTI-KARTOFFELN

FÜR 8 PERSONEN

500 g Kartoffeln, geschält, 100 g Speisestärke, 1 l Frittierfett, Salz

- Die Kartoffeln mit dem Spiralschneider zu langen Schnüren schneiden. In einer Schüssel mit der Stärke mischen.
- Das Fett auf 180 °C erhitzen. Die Kartoffelschnüre portionsweise goldbraun frittieren.

Gnocchi de pommes de terre

KARTOFFEL-GNOCCHI

FÜR 10 PERSONEN ALS BEILAGE

900 g Kartoffeln, geschält, Salz, 450 g Mehl, 2 Eier, schwarzer Pfeffer, Butter oder Olivenöl, geriebener Parmesan, frische Kräuter

- Die Kartoffeln in Salzwasser weich kochen, abgießen und ausdampfen lassen. Durch eine Kartoffelpresse drücken, mit Mehl und Eiern mischen und salzen und pfeffern. Den Teig kneten, zu dicken Rollen formen und in Gnocchi-Form drehen.
- Die Gnocchi in reichlich Salzwasser vorsichtig kochen, bis sie an die Wasseroberfläche steigen. Mit einem Schaumlöffel herausheben. Mit Butter oder Öl, Parmesan und Kräutern servieren.

AÏOLI TRUFFÉ

Trüffel-Aioli

FÜR 8 PERSONEN

3 Eigelb
1 ½ TL Sherryessig
½ Knoblauchzehe, grob gehackt
Salz
schwarzer Pfeffer
400 ml Öl
1 ½ EL Trüffelöl
5 g schwarzer Trüffel, gehackt

- Das Eigelb mit Essig, Knoblauch, Salz und Pfeffer in einer Küchenmaschine mischen. Das Öl nach und nach unter kräftigem Rühren hinzufügen.
- Zuletzt das Trüffelöl und die gehackten Trüffel in die Aioli geben. Falls sie zu dick ist, mit einem Spritzer Wasser verdünnen.

CARCIOFINI – PETITS ARTICHAUTS CONSERVÉS

Kleine eingelegte Artischocken

Die Artischocken schmecken im Salat oder als Vorspeise und passen auch gut zu Fleisch oder Fisch.

10 kleine Artischocken, 3 EL Olivenöl, 3 Knoblauchzehen, gehackt, 50 g Speck oder Parmaschinken am Stück, 1 Zweig Thymian, 1 Zweig Salbei, 1 Zweig Rosmarin, 100 ml Weißwein, Saft von 1 Zitrone, 500 ml Hühner- oder Gemüsebrühe, Salz

- Die Artischocken putzen, dazu die harten Blattspitzen, die Blätter am Stiel sowie die äußeren Blätter an der Blüte und etwas vom Stiel entfernen.
- Das Öl in einem Topf erhitzen und die Artischocken darin bei niedriger Temperatur anbräunen. Die übrigen Zutaten bis auf Brühe und Salz hinzufügen. Zuletzt die Brühe zugießen und alles großzügig mit Salz abschmecken.
- Die Artischocken in der Brühe 15 Minuten kochen. Abkühlen lassen.

CAROTTES AU CUMIN

Karotten mit Kreuzkümmel

Die Karotten mit Kreuzkümmel sind lecker zu vegetarischen Gerichten, Fisch oder Steak.

1 kg zarte Karotten, geschält *FÜR DIE BRÜHE:* 800 ml Hühnerbrühe, 200 ml Orangensaft, 1 EL Salz, 2 TL Zucker, 25 g Kreuzkümmelsamen

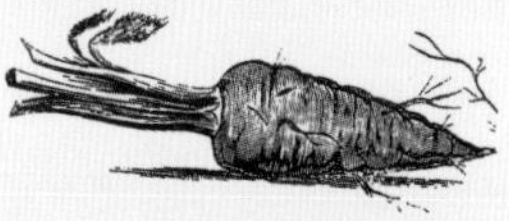

- Alle Zutaten für die Brühe in einem Topf mischen. Die Karotten darin etwa 15 Minuten kochen, bis sie gerade eben weich sind.

OIGNONS À LA SARRIETTE

Zwiebeln mit Bohnenkraut

Die Zwiebeln mit Bohnenkraut passen gut als Beilage zu gegrilltem oder gebratenem Fleisch.

3 EL Olivenöl, 50 g Butter, 1 EL Zucker, 500 g Perl- oder Burrianazwiebeln, geschält, 1 Bund Bohnenkraut, 1 Knoblauchknolle, in Zehen zerteilt

- Den Ofen auf 160 °C vorheizen. Öl, Butter und Zucker in einem Bräter erhitzen und die Zwiebeln darin anschwitzen. Das Bohnenkraut und den Knoblauch hinzufügen und alles im Ofen etwa 20 Minuten backen.

SAUCE AU CIDRE

Cidre-Sahne-Sauce

2 Schalotten, fein gehackt, 1 Knoblauchzehe, gehackt, 1 Apfel, gewürfelt, 1 Stiel glatte Petersilie, Blätter gehackt, 3 Zweige Thymian, 100 g Butter, 33 cl trockener Cidre, 300 ml Hühnerbrühe, 200 ml Sahne, Salz, schwarzer Pfeffer

- Schalotten, Knoblauch, Apfel und Kräuter in 50 g Butter anbräunen. Cidre hinzufügen und alles etwa 5 Minuten einkochen lassen.
- Brühe und Sahne zugießen und alles zu einer Sauce einkochen. Durch ein Sieb gießen und salzen und pfeffern. Zum Servieren übrige Butter einrühren.

OSSOBUCO-SAUCE

Die Sauce servieren wir zu Kalbshaxe, wenn vom Braten etwas Fond übrig ist.

500 ml Rotweinsauce (s. S. 145), 1 Tomate, gewürfelt, 1 Stange Sellerie, fein gehackt, 1 Knoblauchzehe, fein gehackt, abgeriebene Schale von 1 unbehandelter Zitrone, schwarzer Pfeffer, 1 EL Weißwein

- Die Rotweinsauce aufkochen, die übrigen Zutaten hinzufügen und alles noch etwa 15 Minuten kochen.

SAUCE BÉARNAISE

Passt zu Fleischgerichten.

100 ml Rotweinessig, 2 Schalotten, fein gehackt, schwarzer Pfeffer, 4 EL fein gehackte Estragonblätter, 4 Eigelb, 250 ml zerlassene Butter, 1 EL Sherryessig, 2 Spritzer Tabasco, Salz, 4 EL fein gehackte Petersilie

- Rotweinessig, Schalotten, 1 TL Pfeffer und die Hälfte des Estragons in einem Topf aufkochen und auf etwas weniger als die Hälfte einkochen lassen.
- 2 EL reduzierte Sauce mit dem Eigelb in einer Metallschüssel über dem Wasserbad unter Rühren erhitzen, bis alles eine Sabayon-ähnliche Konsistenz hat.
- Die zerlassene Butter nach und nach unterrühren. Mit Sherryessig, Tabasco, Salz und Pfeffer abschmecken. Mit Petersilie und übrigem Estragon servieren.

GREMOLATA

1 EL abgeriebene unbehandelte Zitronenschale, 1 EL gehackte glatte Petersilie, ½ EL fein gehackter Knoblauch, 2 EL Olivenöl, Salz, schwarzer Pfeffer

- Alle Zutaten in einer Schüssel mischen. Mit Salz und Pfeffer abschmecken.

SAUCE VERTE

Salsa verde

1 Kopfsalat, Blätter abgezupft, 50 g Spinat, 3 Stiele glatte Petersilie, gehackt, 1 Knoblauchzehe, 1 EL Weißweinessig, 300 ml Olivenöl, 2 EL Kapern, 2 EL Cornichons, gewürfelt, mit etwas Lake, Salz, schwarzer Pfeffer

- Alles im Blitzhacker nicht zu fein mixen. Die Salsa ist ideal, wenn sie nicht ganz glatt ist.

DIJONNAISE

Dijonnaise schmeckt besonders gut zu Fleischgerichten.

6 Eigelb, 3 EL Dijon-Senf, 500 ml Öl, Saft von 1 Zitrone, 1 EL Sherryessig, Salz, schwarzer Pfeffer

- Das Eigelb in einer Schüssel mit dem Senf mit einem Schneebesen gut verrühren. Nach und nach das Öl unterrühren, bis eine feste Konsistenz erreicht ist. Zitronensaft und Essig hinzufügen und alles mit Salz und Pfeffer abschmecken.

La tieffe srl
La tieffe

SAVOIE

PLATS À BASE de FROMAGE

GERICHTE MIT KÄSE

Hergestellt aus Kuh-, Schaf- oder Ziegenmilch – oder aus allen dreien. Voll mit schwerem Blauschimmel, umgeben von roter Rinde, in Asche gerollt oder in Stroh gehüllt. Mild mit einer nussigen Note oder lange gelagert mit feiner Reife und geradezu protziger Intensität. Käse ist ein Kapitel für sich. Egal ob mit einem deftigen Brot und Quittenkonfitüre oder als Hauptrolle in einem Gericht, »le fromage« ist nicht selten der Höhepunkt des Abendessens.

CHÈVRE CHAUD

Ziegenkäsetoast

FÜR 4 PERSONEN

4 Scheiben Ziegenkäserolle
4 Scheiben Sauerteigbrot
50 ml Olivenöl
3 EL Honig
1 EL Sherryessig
Salz
schwarzer Pfeffer
100 g gemischte Salatblätter

- Den Ofen auf Grillfunktion vorheizen. Das Brot mit Ziegenkäse belegen, in eine ofenfeste Form setzen und im Ofen 5 Minuten überbacken.
- Öl, Honig, Essig, Salz und Pfeffer zu einem Dressing mischen. Den Salat und die Ziegenkäsetoasts anrichten und mit Dressing beträufeln.

VERRINE DE FROMAGE DE CHÈVRE

Ziegenkäse-Eis mit Pekannüssen und Lavendel

FÜR 8–10 PERSONEN

2 Blatt Gelatine
750 ml Milch
180 g Puderzucker
50 g Honig
250 g Ziegenkäse (z. B. Le Rove des Garrigues)

FÜR DIE BEILAGEN:

120 g Glukosesirup
50 g Pecannüsse
1 EL Lavendelblüten

- Den Ofen auf 180 °C vorheizen. Für die Beilagen den Glukosesirup erhitzen, Nüsse hinzufügen und den Topf vom Herd nehmen. Die Nüsse im Sirup 10 Minuten ziehen lassen.

- Dann den Sirup abseihen, Nüsse und Lavendel auf einem Backblech verteilen und im Ofen etwa 6 Minuten rösten.

- Für das Eis die Gelatine in kaltem Wasser 5 Minuten einweichen. Die Milch in einem Topf erwärmen. Die Gelatine ausdrücken und in etwas warmer Milch auflösen.

- Die aufgelöste Gelatine mit Puderzucker, Honig und Ziegenkäse in die übrige Milch rühren. Alles mit dem Stabmixer aufschlagen, durch ein Sieb gießen und in der Eismaschine gefrieren lassen. Mit den kandierten Nüssen und den Blüten servieren.

Feuilleté de fromage de chèvre Pouligny Saint-Pierre, salade et lardons

Ziegenkäse im Filo-Teig mit Salat und Speck

FÜR 4–6 PERSONEN

1 franz. Ziegenweichkäse (z. B. Pouligny Saint Pierre)
4–6 Blätter Filo-Teig
3 EL zerlassene Butter
Olivenöl
Salz
schwarzer Pfeffer
200 g geräucherter Bauchspeck, gewürfelt und gebraten
200 g gemischte Salatblätter
einige Spritzer Sherryessig

- Den Käse in vier bis sechs Stücke schneiden. Die Filo-Teigblätter mit der zerlassenen Butter bestreichen und in jedes Blatt ein Stück Käse einrollen.

- Den Käse kurz vor dem Servieren in einer Pfanne mit Öl und Butter braten. Mit Salz und Pfeffer würzen. Den gebratenen Käse mit gebratenem Speck, Salat und etwas Essig servieren.

CAMEMBERT FRIT AVEC COMPOTE D'ABRICOTS AU THYM

Frittierter Camembert mit Aprikosen-Thymian-Kompott

FÜR 4–6 PERSONEN

1 reifer Camembert
60 g Mehl
2 Eier, verquirlt
60 g Panko-Mehl (japanisches Paniermehl)
6 Aprikosen, entkernt und gewürfelt
4–5 EL Zucker (je nach Süße der Aprikosen)
100 ml Weißwein
2 EL frischer Thymian, Blätter gehackt
2 EL Olivenöl
1 EL Sherryessig
Salz
Zucker
1 l Frittierfett

- Den Käse in 4 bis 6 Stücke schneiden. Mehl, Eier und Panko-Mehl jeweils in einen tiefen Teller geben.

- Die Käsestücke nacheinander in Mehl, Eiern und Panko-Mehl wenden. Dann nochmals in Eiern und Panko-Mehl wenden.

- Die Aprikosen mit dem Zucker in einem Topf erhitzen. Den Wein hinzufügen und alles 15 Minuten kochen. Den Thymian hinzufügen und das Ganze abkühlen lassen. Das Kompott mit Öl, Essig, Salz und Zucker abschmecken.

- Das Fett in einem Topf auf 180 °C erhitzen und die Käsestücke darin goldbraun und knusprig frittieren. Auf Küchenpapier abtropfen lassen.

Intensiver, charakterstarker Käse. Charakterstarker Wein. Und starke Charaktere am Herd. Außer Marco Baudone gehören noch Melker Andersson und Danyel Couet zum Besitzer-Trio des Le Rouge.

KOPK

RISOTTO BRILLAT-SAVARIN

FÜR 4 PERSONEN

200 g Carnaroli-Reis
1 Schalotte, fein gehackt
60 g Butter
50 ml Weißwein
Salz
1 l warme Hühnerbrühe
2 EL Sherryessig
200 g Brillat-Savarin-Käse, gewürfelt
40 g Parmesan, gerieben
schwarzer Pfeffer
100 ml Rotweinsauce (s. S. 145)
Petersilie, gehackt

- Den Reis und die Schalotte in einem Topf in 1 EL Butter anschwitzen, ohne dass sie braun werden. Wein und etwas Salz hinzufügen und alles kurz einkochen lassen. Die warme Brühe nach und nach zugießen und immer wieder einkochen lassen. Das Risotto bei niedriger Temperatur 15 Minuten kochen.

- Die restliche Butter, Essig und beide Käsesorten hinzufügen, wenn der Reis gerade gar ist. Salzen und pfeffern. Das Risotto mit Rotweinsauce servieren und mit Petersilie und Pfeffer bestreuen.

CRÈME DE CHÈVRE AU CRESSON ET AUX NOIX

Ziegenkäsemousse mit Kresse und Walnüssen

FÜR 4 PERSONEN ALS VORSPEISE ODER FÜR 12 PERSONEN ALS HÄPPCHEN

Für die Mousse benötigen Sie einen Siphon und zwei Patronen.

2 Blatt Gelatine
300 ml Milch
100 g Ziegenfrischkäse
1 TL Salz
150 g Brunnenkresse
200 ml Hühnerbrühe

- Die Gelatine in kaltem Wasser 5 Minuten einweichen. Dann ausdrücken und in wenig Milch in einem Topf auflösen. Den Frischkäse mit Milch und aufgelöster Gelatine im Blitzhacker oder mit dem Stabmixer pürieren. Die Frischkäsemasse mit Salz abschmecken. Einen Siphon mit der Crème füllen und zwei Patronen einlegen, dann kühl stellen.

- Die Kresse in der Brühe kochen, dann mit dem Stabmixer zu einer glatten Suppe pürieren. Die Suppe in kleinen Schälchen oder Tellern servieren. Mit kalter Ziegenkäsemousse garnieren.

Marmelade de coings

Quittenkonfitüre

Die Quitte ist eine gelbe Frucht und sieht wie eine Kreuzung aus Apfel und Birne aus. Roh ist sie ungenießbar und wird deshalb meist zu Gelee oder Konfitüre verarbeitet. Aufgrund des hohen Pektingehalts wird die Konfitüre ohne Zusätze fest. Im Le Rouge *servieren wir sie im Winter zu Käse.*

---

2 kg Quitten, geschält, halbiert und entkernt
Saft von 1 Zitrone
1 kg Zucker pro 1 kg Fruchtpüree

- Die Quitten in einen Topf geben und mit warmem Wasser auffüllen. Den Zitronensaft hinzufügen und alles etwa 1 Stunde weich kochen.

- Die Flüssigkeit abgießen und die gekochten Früchte im Blitzhacker oder mit dem Stabmixer pürieren.

- Das Fruchtpüree in einem Messbecher abmessen und in einen Topf geben. Die gleiche Menge Zucker hinzufügen und alles bei niedriger Temperatur 2 bis 3 Stunden zu Konfitüre kochen. Sie ist fertig, wenn man mit einem Holzstiel Linien hineinmalen kann.

- Die Konfitüre in saubere Konfitüregläser füllen.

PAIN DE CAMPAGNE MAISON ROUGE

FÜR ETWA 30 BRÖTCHEN

50 g frische Hefe, 700 ml Wasser (37 °C warm), 900 g Mehl und Mehl zum Ausrollen, 50 ml Olivenöl, 1 EL Zuckerrübensirup, 2 EL Salz

- Die Hefe im lauwarmen Wasser auflösen. Mehl, Öl und Sirup hinzufügen und alles mischen. Den Teig in der Küchenmaschine 10 Minuten kneten. Das Salz hinzufügen und den Teig weitere 10 Minuten kneten.
- Den Teig auf etwas Mehl ausrollen und kleine Brötchen daraus formen. Auf ein mit Backpapier belegtes Blech legen und mit etwas Mehl bestauben. Zugedeckt an einem warmen Ort 2 bis 3 Stunden gehen lassen.
- Den Ofen auf 230 °C vorheizen. Die Brötchen im Ofen etwa 8 Minuten backen.

PAIN AU LEVAIN

FÜR 2 GROSSE BROTE

600 g Mehl
200 g Sauerteig
10 g frische Hefe
Salz

- Alle Zutaten mit 400 ml Wasser in einer Schüssel mischen. In der Küchenmaschine auf mittlerer Stufe etwa 15 Minuten kneten, der Teig soll elastisch sein und nicht mehr kleben.
- Den Teig zugedeckt an einem warmen Ort 1 ½ Stunden gehen lassen. Dann gut durchkneten, zusammenlegen und nochmals 30 Minuten gehen lassen. Den Ofen auf 260 °C vorheizen.
- Den Teig zu zwei Broten formen und auf ein mit Backpapier belegtes Blech legen. Die Brote im Ofen 15 bis 20 Minuten backen. Dabei ab und zu mit etwas Wasser besprühen, damit sie eine schöne knusprige Krume bekommen. Wenn die Kerntemperatur 96 °C erreicht hat, sind die Brote fertig.

PAIN D'ÉPICES

FRANZÖSISCHES GEWÜRZBROT

FÜR 1 GROSSES BROT

Dieses Gewürzbrot ähnelt von der Konsistenz her eher einem Kuchen als einem Brot. Wir servieren es im Winter und zur Weihnachtszeit mit Käse. Das Rezept habe ich bereits seit meiner Zeit bei Pierre Gagnaire in Paris im Gepäck.

135 g Zucker
300 g Honig
300 g Mehl
1 EL Bikarbonat (15 g; Soda)
abgeriebene Schale von je 1 unbehandelten Zitrone und Orange
1 EL gemahlener Zimt
1 EL gemahlener Sternanis
Salz
375 g weiche Butter

- Den Ofen auf 180 °C vorheizen. 300 ml Wasser, Zucker und Honig in einer großen Schüssel mischen. Mehl, Bikarbonat, Zitronen- und Orangenschale, Zimt, Sternanis und etwas Salz in einer weiteren Schüssel mischen.

- Den Inhalt der beiden Schüsseln vermischen. Abschließend die Butter unterrühren. Den Teig in eine große Brotform füllen und im Ofen 30 bis 40 Minuten backen.

DESSERTS et PÂTISSERIES

DESSERTS und GEBÄCK

Eine karamellisierte Tarte Tatin, eine zarte Vanillecrème unter knuspriger Karamelldecke, eine verführerische Mousse oder Schokoladentörtchen. Die süßen Sachen bilden den Abschluss des Abendessens – deshalb dürfen sie nicht zu zurückhaltend sein.

CRÈME CARAMEL

Crème Caramel

FÜR 10–12 PERSONEN

---

1 l Milch, 2 Vanilleschoten, aufgeschnitten und Mark ausgekratzt,
250 g Zucker, 4 Eier, 4 Eigelb
FÜR DEN KARAMELL: 250 g Zucker

- In einem Topf Milch, Vanilleschoten und -mark mit dem Zucker unter Rühren erhitzen. Dann vom Herd nehmen und 20 Minuten ziehen lassen.
- Den Ofen auf 95 °C vorheizen. Vanilleschoten entfernen. Eier und Eigelb hinzufügen und alles zu einer glatten Masse verrühren. Durch ein feines Sieb gießen.
- Für den Karamell Zucker und 180 ml Wasser zu einem hellen Karamell kochen. Noch heiß in dickwandige Kaffeetassen oder ofenfeste Förmchen verteilen und abkühlen lassen.
- Die Eimasse auf den Karamell in den Förmchen verteilen. Heißes Wasser in ein tiefes Backblech gießen und die Crèmes Caramels im Wasserbad im Ofen etwa 1 Stunde garen.
- Die Crème vor dem Servieren stürzen, sodass der Karamell etwas zerfließt.

CRÈME BRÛLÉE

Klassischer kann es nicht mehr werden – die Crème brulée ist wohl das bekannteste Dessert.

FÜR 10–12 PERSONEN

---

300 ml Milch, 3 Vanilleschoten, aufgeschnitten und Mark ausgekratzt,
125 g Zucker, 12 Eigelb, 700 ml Sahne,
180 g Rohzucker zum Karamellisieren

- In einem Topf Milch, Vanilleschoten und -mark sowie den Zucker unter Rühren kochen. Vom Herd nehmen und 20 Minuten ziehen lassen.
- Den Ofen auf 90 °C vorheizen. Vanilleschoten entfernen. Eigelb und Sahne in den Topf geben und alles zu einer glatten Masse verrühren. Durch ein feines Sieb geben.
- Die Eimasse in dickwandige Kaffeetassen oder ofenfeste Förmchen füllen. In ein tiefes Backblech heißes Wasser gießen und die Crèmes brulées im Wasserbad im Ofen etwa 1 ½ Stunden garen. Herausnehmen und abkühlen lassen.
- Zum Servieren den Rohzucker auf die Crème streuen und kurz mit einem Brenner oder unter dem Backofengrill karamellisieren.

Baba Savarin

IN LIKÖR GETRÄNKTER KUCHEN

FÜR ETWA 30 STÜCK

Je mehr Alkohol, umso erwachsener das Dessert.

4 EL Milch
8 g frische Hefe
500 g Mehl
150 g weiche Butter
6 Eier

FÜR DEN SUD:
180 g Zucker
2 Vanilleschoten, aufgeschnitten und Mark ausgekratzt
3 Lorbeerblätter
100 ml Zitronen- oder Kirschlikör oder Rum

- Die Milch und 6 EL Wasser in einem großen Topf auf 37 °C erhitzen. Hefe, Mehl, Butter und Eier unterrühren. Alles zu einem glatten Teig verarbeiten.
- Savarin- oder Muffinförmchen mit dem Teig füllen. Zugedeckt an einem warmen Ort in etwa 45 Minuten auf doppeltes Volumen aufgehen lassen.
- Den Ofen auf 180 °C vorheizen. Die Babas im Ofen 9 bis 15 Minuten backen, je nach Größe der Förmchen. Aus dem Ofen nehmen und abkühlen lassen.
- Für den Sud 300 ml Wasser, Zucker, Vanilleschoten und -mark sowie Lorbeerblätter und Alkohol in einem Topf aufkochen. Die Savarins in den Sud legen, sodass sie sich gründlich mit der Flüssigkeit vollsaugen. Sie können gerne auch mehrere Tage in der Flüssigkeit ziehen. Die Babas nach Belieben mit Eis servieren oder in schönen Gläschen verschenken.

Brioche panettone

WEIHNACHTSKUCHEN

FÜR 1 GROSSEN ODER 20 KLEINE PANETTONE

Ein italienischer Weihnachtskuchen. Im Le Rouge servieren wir ihn ab dem Lucia-Tag, am 13. Dezember, einen Monat lang, auch gerne mit Rum-Rosinen-Eis.

1,2 kg Mehl
1 TL Salz
1 Würfel frische Hefe (42 g)
Mark von 2 Vanilleschoten
6 Eier
360 ml Milch (37 °C warm)
6 Eigelb
500 g Butter und Butter für die Form
250 g Zucker
300 g helle Sultaninen
360 g Trockenfrüchte (Feigen, Aprikosen, Kirschen oder Orangen), gehackt
1 Eigelb, verquirlt
Hagelzucker
Mandelblättchen

- Mehl, Salz, Hefe, Vanillemark, Eier und lauwarme Milch in einer großen Schüssel mischen und alles zu einem Teig kneten. Den Teig zugedeckt etwa 1 Stunde gehen lassen.

- Dann Eigelb, Butter, Zucker, Sultaninen sowie Trockenfrüchte unter den Teig heben. Den Teig in eine große gefettete Kuchenform oder 20 kleine Förmchen geben und etwa 2 Stunden gehen lassen, bis sich der Teig verdoppelt hat.

- Den Ofen auf 180 °C vorheizen. Den Kuchen mit dem Eigelb bepinseln, mit Hagelzucker und Mandeln bestreuen und im Ofen 15 bis 20 Minuten backen.

GLACE

RECETTE DE BASE

Eis – Grundrezept

FÜR 10 PERSONEN

500 ml Sahne, 500 ml Milch, 1 Vanilleschote, aufgeschnitten und Mark ausgekratzt, 360 g Zucker, 20 Eigelb

- Die Sahne, die Milch, Vanilleschote und -mark in einem Topf aufkochen. Vom Herd nehmen und 15 Minuten ziehen lassen.
- Den Zucker und das Eigelb in einer Schüssel schaumig schlagen. Die Sahne-Milch-Mischung in die Eimischung rühren und alles wieder in den Topf geben.
- Die Eisgrundmasse auf 86 °C erwärmen, dann abkühlen lassen und vorher die Vanilleschote entfernen. Die Masse in der Eismaschine oder im Tiefkühlfach gefrieren lassen.

SORBET

RECETTE DE BASE

Sorbet – Grundrezept

FÜR 5–6 PERSONEN

135 g Zucker, 500 ml Fruchtpüree nach Wahl, Saft von 2 Zitronen, 100 ml Weißwein

- Den Zucker und 150 ml Wasser in einem Topf aufkochen.
- Die übrigen Zutaten hinzufügen und aufkochen. Vom Herd nehmen und abkühlen lassen.
- Die Masse in der Eismaschine oder im Tiefkühlfach zu Sorbet gefrieren.

Ein leckerer Abschluss. Die süßen Dinge sind das Crescendo des Abendessens – egal ob in Form einer kleinen Waffel mit Eis, einer Mousse, von Macarons oder einer zarten Crème brulée. Jedes Dessert soll etwas Spektakuläres haben.

POLI
BASSANO
DEL GRAPPA
GRAPPA
CLASSICA

PETITS-CHOUX & ÉCLAIRS

FÜR ETWA 25 STÜCK

250 ml Milch
220 g Butter
300 g Mehl
1 EL Salz
1 EL Zucker
10 Eier, verquirlt

- Den Ofen auf 200 °C vorheizen. 250 ml Wasser, die Milch und die Butter in einem Topf aufkochen. Das Mehl, das Salz und den Zucker so lange unterrühren, bis sich der Teig zu einem Kloß formt.

- Den Topf vom Herd nehmen und die Eier einrühren – eines nach dem anderen, bis ein glatter Brandteig entstanden ist.

- Den Teig in einen Spritzbeutel mit großer Sterntülle füllen und damit kleine Kugeln mit ausreichend Abstand zueinander auf ein mit Backpapier ausgelegtes Blech spritzen (sie werden durch das Backen fast doppelt so groß). Im Ofen 10 Minuten backen.

Wenn Sie die Petits-Choux länglich spritzen, bekommen Sie Éclairs. Wir füllen sowohl die runden als auch die länglichen Backwerke mit Vanille- oder Kaffeecreme (z. B. mit der Kaffeecreme von S. 197) oder mit Eis. Aber man kann sie auch mit salzigen Füllungen zubereiten und als Vorspeise oder Häppchen reichen. Frischkäse oder Maränenrogen-Zitronen-Crème-fraîche sind leckere Ideen dafür.

TRUFFE AU CHOCOLAT

SCHOKLADENTRÜFFEL

FÜR ETWA 30 TRÜFFEL

200 g Zucker
50 ml Glukosesirup
480 ml Sahne
1 Vanilleschote, aufgeschnitten und Mark ausgekratzt
1 TL Meersalz
600 g Vollmilchschokolade, gewürfelt
250 g Zartbitterschokolade, gewürfelt
100 g weiche Butter

- Den Zucker und den Sirup unter ständigem Rühren in einem Topf in 5 Minuten zu Karamell kochen.

- Sahne, Vanilleschote und -mark sowie Salz in einem weiteren Topf aufkochen. Vanilleschote entfernen. Die Zuckermischung in einer Metallschüssel mit der Sahnemischung mischen und über dem Wasserbad erwärmen. Die beiden Schokoladensorten und die Butter einrühren und darin unter Rühren schmelzen.

- Die Schokoladenmasse in eine flache Form geben und im Kühlschrank fest werden lassen.

- Die Schokolade in eine für Trüffel passende Größe schneiden. Pur servieren oder noch mit Kakao, Meersalz oder anderem dekorieren. Damit die Dekoration haften bleibt, die Trüffel nach Belieben kurz mit einem Brenner erhitzen.

Crème pâtissière

VANILLECREME

FÜR 6–8 PERSONEN

Die Creme eignet sich für Tarteletts und als Basis für süße Soufflés.

500 ml Milch, 3 Vanilleschoten, aufgeschnitten und Mark ausgekratzt, 125 g Zucker, 6 Eigelb, 60 g Mehl

- Milch, Vanilleschoten und -mark erhitzen. Den Topf vom Herd nehmen und alles 5 Minuten ziehen lassen, Vanilleschoten entfernen. Zucker und Eigelb schaumig schlagen und das Mehl unterrühren. Milch in die Eimischung rühren, zurück in den Topf geben und 5 Minuten vorsichtig köcheln. Durch ein Sieb gießen, abkühlen lassen.

Sauce vanille

VANILLESAUCE

FÜR 6–8 PERSONEN

500 ml Milch, 2 Vanilleschoten, aufgeschnitten und Mark ausgekratzt, 125 g Zucker, 6 Eigelb

- Milch, Vanilleschoten und -mark erhitzen. Den Topf vom Herd nehmen und alles 5 Minuten ziehen lassen, Vanilleschoten entfernen. Zucker und Eigelb schaumig schlagen, Milch

zugießen, gut verquirlen. Alles zurück in den Topf gießen und bis knapp unter den Siedepunkt erhitzen (ca. 80°C). Vom Herd nehmen und abkühlen lassen.

Crème au café

KAFFEECREME

(*Tiramisù-Creme*)

FÜR 6–8 PERSONEN

6 Eigelb, 120 g Zucker, 200 ml Sahne, 300 g Mascarpone, 50 ml kalter Espresso, 1 EL Kahlua-Likör, ½ EL Grappa, Kakao

- Eigelb und Zucker schaumig schlagen. Die Sahne etwas steif schlagen, mit der Mascarpone in die Eimischung rühren. Creme mit Espresso, Likör und Grappa abschmecken. Mit einem Spritzbeutel in Schüsseln füllen und mit Kakao bestauben.

Coulis de baies rouges

BEERENKOMPOTT

FÜR 6–8 PERSONEN

150 g Himbeeren, 3 EL Zucker, 50 ml Weißwein, Saft von 1 Zitrone, 50 g frische Beeren nach Wahl

- Himbeeren mit Zucker, Wein und Zitronensaft aufkochen, dann abkühlen lassen. Frische Beeren in das Kompott rühren, mit Zucker und Zitronensaft abschmecken. Mit etwas Stärke binden.

Galettes aux amandes

MANDELHIPPEN

FÜR ETWA 20 STÜCK

Die dünnen Waffeln passen zu Eis oder nachmittags zum Kaffee.

120 g Zucker, 50 ml Glukosesirup, 100 g Mandelmehl, 70 g weiche Butter

- Den Ofen auf 180 °C vorheizen. Alle Zutaten mischen und den Teig kurz ruhen lassen. Aus dem Teig kleine Kugeln rollen und auf ein mit Backpapier belegtes Blech setzen. Im Ofen in etwa 10 Minuten goldbraun backen. Für gebogene Waffeln diese auf einem Nudelholz abkühlen lassen.

Rosée
BRUT
LES RICEYS, FRANCE

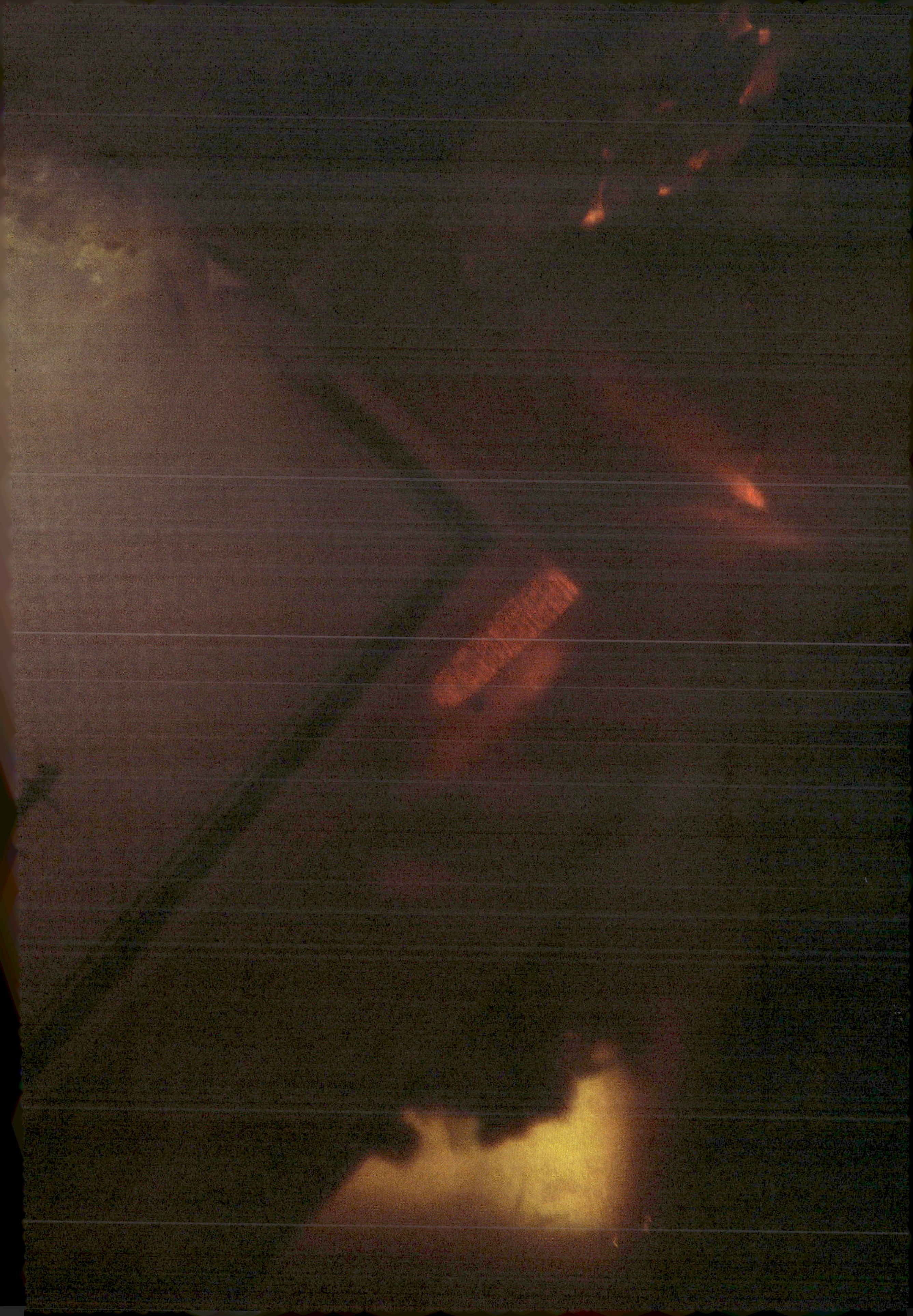

Financiers

MANDELKÜCHLEIN

FÜR ETWA 30 KÜCHLEIN

9 Eiweiß
300 g Puderzucker
125 g Mehl
120 g Mandelmehl
3 g Backpulver (2 TL)
180 g Butter, gebräunt

- Den Ofen auf 180 °C vorheizen. Das Eiweiß in einer Schüssel zu festem Schnee schlagen. Den Puderzucker hineinrühren, sodass eine Baisermasse entsteht.

- Die beiden Mehlsorten und das Backpulver in einer weiteren Schüssel mit der gebräunten Butter mischen. Die Baisermasse vorsichtig mit einem Teigschaber unter die Butter-Mehl-Mischung heben.

- Den Teig auf kleine Förmchen verteilen und nach Belieben mit Beeren, Nüssen oder Schokolade garnieren. Die Förmchen auf ein Backblech setzen und im Ofen etwa 15 Minuten backen.

PETITS SABLÉS

Sandgebäck

FÜR ETWA 25 STÜCK

2 Eier
160 g Puderzucker
80 g geschälte, geriebene Mandeln
440 g Mehl und Mehl zum Arbeiten
250 g Butter, zerlassen und Butter fürs Blech

- Die Eier und den Puderzucker in einer Schüssel gut verrühren. Die Mandeln und das Mehl unterheben. Die zerlassene Butter hineinrühren und alles zu einem glatten Teig verarbeiten. In Frischhaltefolie gewickelt, im Kühlschrank 3 Stunden ruhen lassen.

- Den Ofen auf 175 °C vorheizen. Den Teig aus dem Kühlschrank nehmen und wieder Raumtemperatur annehmen lassen. Den Teig auf etwas Mehl ausrollen und mit beliebigen Formen ausstechen. Alternativ den Teig zu einer Rolle formen und in dünne Scheiben schneiden.

- Die Plätzchen auf ein gefettetes Blech legen und im Ofen etwa 10 Minuten backen. Sie müssen noch keine Farbe bekommen haben, um fertig zu sein.

Nach Belieben noch Kakaopulver hinzufügen, dann erhält man Schokoladen-Sablés. Wir servieren die Sablés oft mit einer Füllung aus Schokoladen- und Haselnuss-Creme oder einer Zitronencreme (s. S. 217). Aber sie schmecken auch ohne Füllung lecker.

FONDANT AU CHOCOLAT

Schokoladenkuchen

FÜR 8–10 KLEINE KUCHEN

10 Eier
500 g Zucker
350 g dunkle Schokolade
350 g Butter
140 g Mehl

- Den Ofen auf 200 °C vorheizen. Die Eier und den Zucker in einer Schüssel schaumig schlagen.
- Die Schokolade und die Butter in einer Metallschüssel über dem Wasserbad schmelzen. Die Schokoladenmischung in die Ei-Zucker-Masse rühren und zuletzt das Mehl unterheben. Alles gut verrühren.
- Ofenfeste Förmchen (z. B. dickwandige Kaffeetassen) zur Hälfte mit dem Teig füllen und die Kuchen im Ofen 9 bis 11 Minuten backen. Sie sollen innen noch flüssig sein.
- Die Schokoladenkuchen auf einen Teller stürzen oder in den Förmchen servieren, gerne mit Beeren und Eis dazu.

DE LUZE
XO
ROYER
CALVADOS
DOMFRONTAIS
PAOLO BERTA
1990
Clément
1970

TARTE TATIN

Gestürzter Apfelkuchen

FÜR 4–6 PERSONEN

2–3 Äpfel (z. B. Granny Smith)
200 g Zucker
50 g Butter
4 runde Blätterteigplatten (10–12 cm Ø) oder 1 große Platte (Kühlregal)
1 Eigelb, verquirlt

- Den Ofen auf 200 °C vorheizen. Die Äpfel schälen, in Viertel oder Achtel schneiden und entkernen.

- Den Zucker in einem Topf oder einer Pfanne schmelzen. Die Apfelstücke darin wenden und etwas karamellisieren lassen. Butter und 1 TL Wasser hinzufügen und alles kurz einkochen lassen.

- Die heiße Apfelmasse in vier ofenfeste Förmchen füllen und die Blätterteigplatten darauflegen. Alternativ alles in eine Springform füllen und die große Blätterteigplatte darauflegen. Dabei den Teig rund um die Äpfel gut festdrücken, sodass er sie bedeckt und zusammenhält.

- Den Teig mit einer Gabel mehrmals leicht einstechen. Die Tarte mit dem verquirlten Ei bepinseln und im Ofen 12 bis 15 Minuten backen. Herausnehmen und ruhen lassen. Dann die Tartes auf einen Teller stürzen und servieren.

CRUMBLE

Streusel

FÜR ETWA 10 PERSONEN

Crumble ist ein fantastisches Dessert, das man das ganze Jahr genießen kann – am besten mit Eis oder Vanillesauce.

90 g Haferflocken
225 g Zucker
150 g Mehl
60 g geschälte, geriebene Mandeln
450 g kalte Butter, gewürfelt

FÜR EINEN BEEREN-CRUMBLE:
120 g Beeren oder Obst, gewürfelt
180 g Zucker
Mark von 1 Vanilleschote
10 g Ingwerpulver
abgeriebene Schale von 1 unbehandelten Zitrone

- Den Ofen auf 180 °C vorheizen. Die Zutaten für die Streusel in einer großen Form oder auf einem tiefen Blech mischen und im Ofen 15 bis 20 Minuten backen. Jetzt haben Sie fertige Streusel, zu denen Sie Vanillecreme (s. S. 197) servieren oder die Sie zu Joghurt oder Dickmilch essen können.

- Um einen Beeren-Crumble zu backen, Beeren, Zucker, Vanillemark, Ingwer und Zitronenschale in einer ofenfesten Form mischen und mit den gebackenen Streuseln bedecken. Den Crumble im Ofen etwa 30 Minuten backen. Am besten noch warm servieren.

GÂTEAU AUX AMANDES

Marzipankuchen

FÜR 1 GROSSEN ODER MEHRERE KLEINE KUCHEN

500 g Marzipanrohmasse
250 g weiche Butter
5 Eier
6 Eigelb
50 g Mehl
50 g Beeren oder Obst nach Wahl (Kirschen, Äpfel, Pflaumen), gewürfelt
Mandelblättchen

- Den Ofen auf 180 °C vorheizen. Das Marzipan, die Butter, die Eier, das Eigelb und das Mehl in einer Schüssel verrühren.

- Das Obst vorsichtig unter den Teig heben. Den Teig in eine Kastenform oder mehrere kleine Förmchen füllen. Mit Mandelblättchen bestreuen und im Ofen etwa 25 Minuten backen.

Crème au citron

Zitronencreme

150 ml frisch gepresster Zitronensaft
225 g Zucker
200 g weiche Butter
6 Eier

- Den Zitronensaft und den Zucker in einem Topf erhitzen. Butter und Eier hinzufügen und alles etwa 4 Minuten vorsichtig sieden lassen.
- Die Masse durch ein Sieb in eine große Schüssel gießen, mit Frischhaltefolie abdecken und kühl stellen. Dabei einige Löcher in die Folie stechen, damit die Oberfläche nicht hart und trocken wird.

Bei uns werden für Zitronen-Tarteletts gebackene Mürbteigkörbchen mit dieser Creme gefüllt (s. Bild). Sie schmeckt auch zum Frühstück auf Toastbrot sehr lecker.

CLAFOUTIS

MANDELAUFLAUF

FÜR 6 PERSONEN

Dieses Rezept schmeckt am besten mit frischem Obst.

50 g Mehl
50 g geschälte, geriebene Mandeln
1 Prise Salz
200 g Zucker
1 Ei
3 Eigelb
75 g Butter, zerlassen und gebräunt
160 ml Sahne
160 ml Milch
abgeriebene Schale und Saft von 1 unbehandelten Zitrone
100 g frische Kirschen
Mandelblättchen

- Den Ofen auf 180 °C vorheizen. Mehl und Mandeln in eine Schüssel sieben. Salz, Zucker, Ei, Eigelb, gebräunte Butter, Sahne, Milch, Zitronenschale und -saft dazugeben und alles gut verrühren.

- Sechs ofenfeste Förmchen oder eine große Springform mit dem Teig füllen. Die Beeren hineindrücken und alles mit Mandelblättchen bestreuen.

- Die Clafoutis im Ofen 15 bis 20 Minuten backen, je nach Größe der Förmchen.

REZEPTREGISTER

G

H

J

K

L

M

N

O

P

Q

R

S

T

V

W

Z

COCKTAILS

MASSTABELLE

Zucker	90 g = 100 ml
Weizenmehl	60 g = 100 ml
Milch, Sahne, Wasser	100 g = 100 ml
1 Eigelb	20 g
1 Eiweiß	30 g
1 ganzes Ei	50 g